Nieswand
Verlag

Spuren im Watt

Das Rätsel der Sandbank

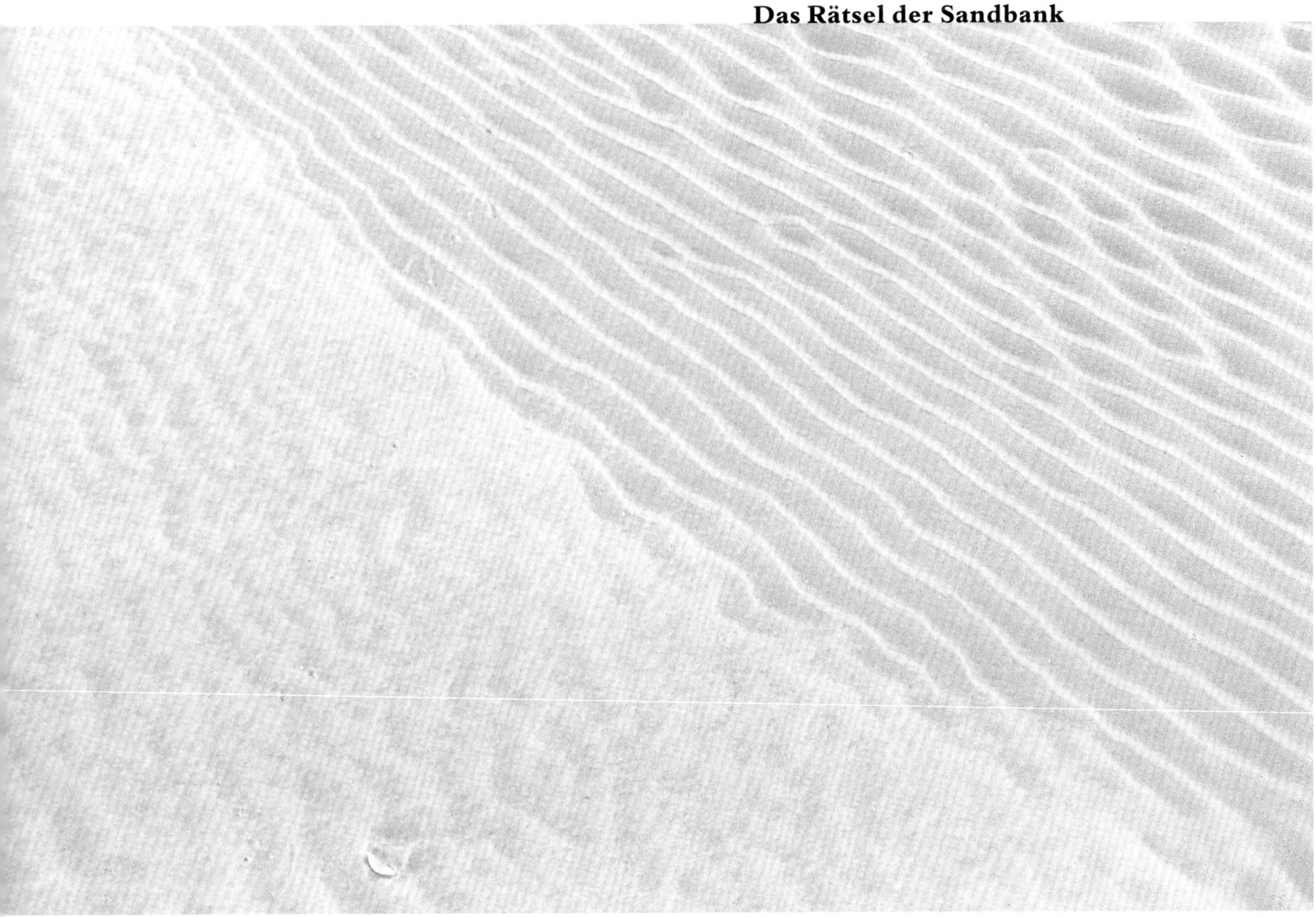

Fotografien von Jürg Andermatt

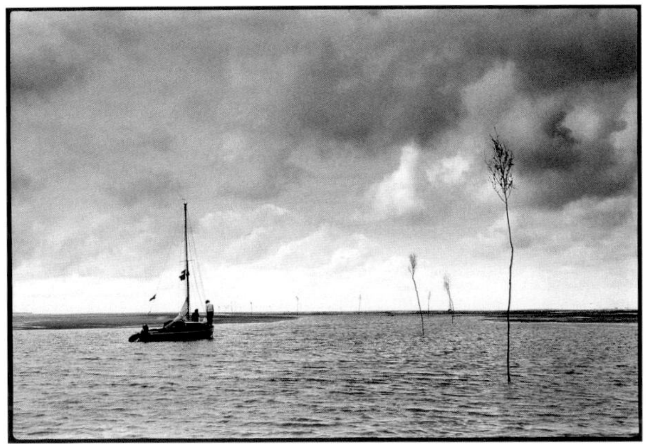

Mit fünf ausgewählten Texten
aus dem Roman „Das Rätsel der Sandbank“
von Erskine Childers

Jürg Andermatt

Ein diesiger Oktobertag im Watt vor Norddeutschland. Der Deich am Festland ist nicht zu sehen, und die nächste Insel kämpft sich als schwache Silhouette durch den Dunst. Das Wasser hat sich durch die Priele aufs offene Meer zurückgezogen. Im Watt suchen die Vögel jetzt, bei Niedrigwasser, nach Nahrung. Ihr Rufen dringt ins auf einem Sand trockengefallene Boot. Der Wind pfeift leise im Rigg. Was gibt es Besseres, als mit einem spannenden Buch in der warmen Koje zu liegen?

Vor Jahren hatte ein Freund mich auf das Buch „Das Rätsel der Sandbank" aufmerksam gemacht. Ein mitreißender Krimi des Engländers Erskine Childers, dessen Leben mindestens so spannend war wie sein Buch. Unfaßbar begeistert haben mich seine Beschreibungen des Wattenmeeres. So schreibt nur jemand, der das Watt selbst ersegelt hat.

Mit dem Buch im Schapp bin ich seinen Spuren gefolgt. Es lag mir nicht daran, all die Orte der Handlung zu suchen, vielmehr wollte ich versuchen, zu seinen Sprachbildern Aufnahmen zu machen, die das Gefühl der Weite und der Einsamkeit des Watts und seiner davor liegenden Inseln wiedergeben. Und ich hoffte auch, ein Stück zeitloser Vergangenheit zu finden.

Hinter Sandbänken in Prielen zu ankern und auf weiten Sandflächen trockenzufallen, wo auch Childers oder Carruthers und Davies – die beiden Helden des Buches – waren, machte meine Reisen um so spannender.

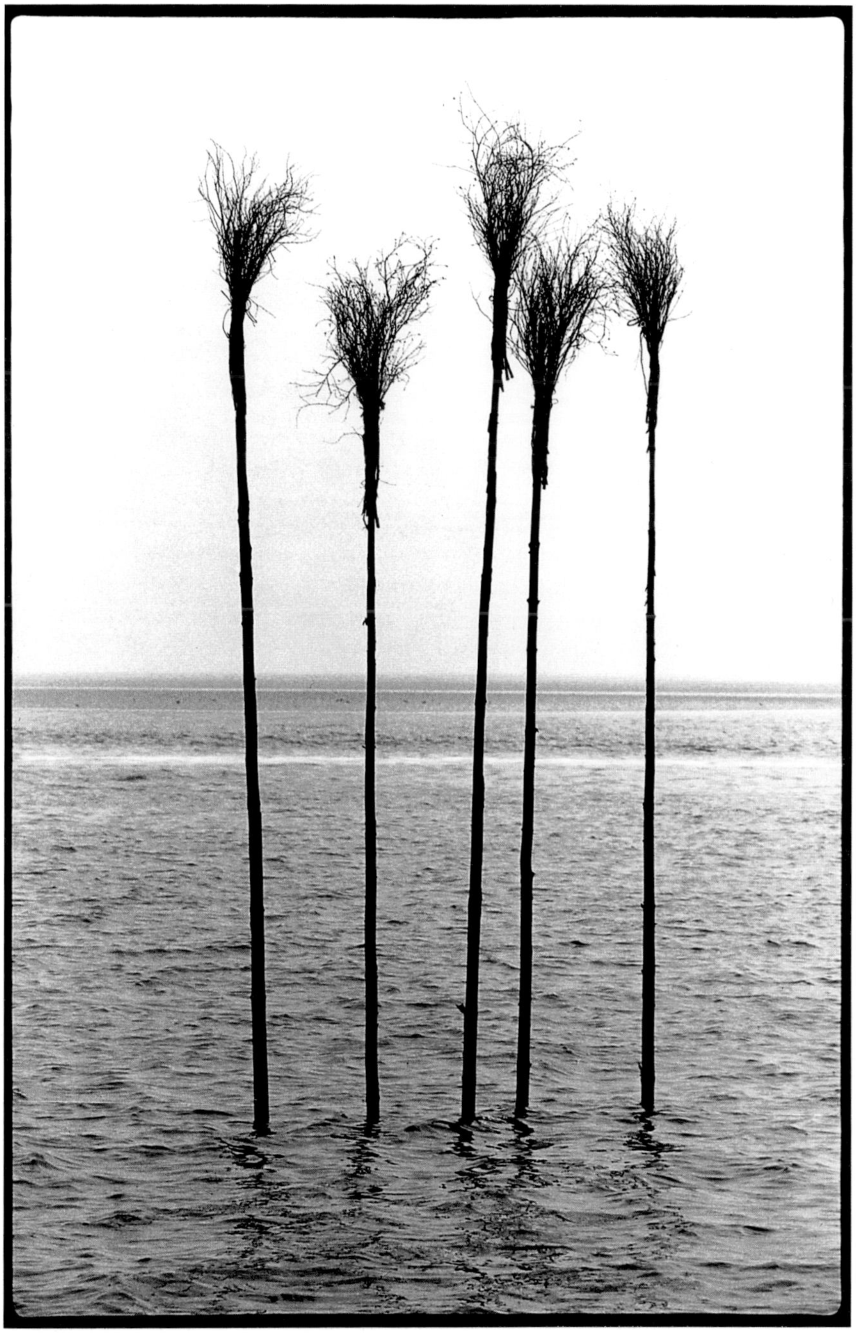

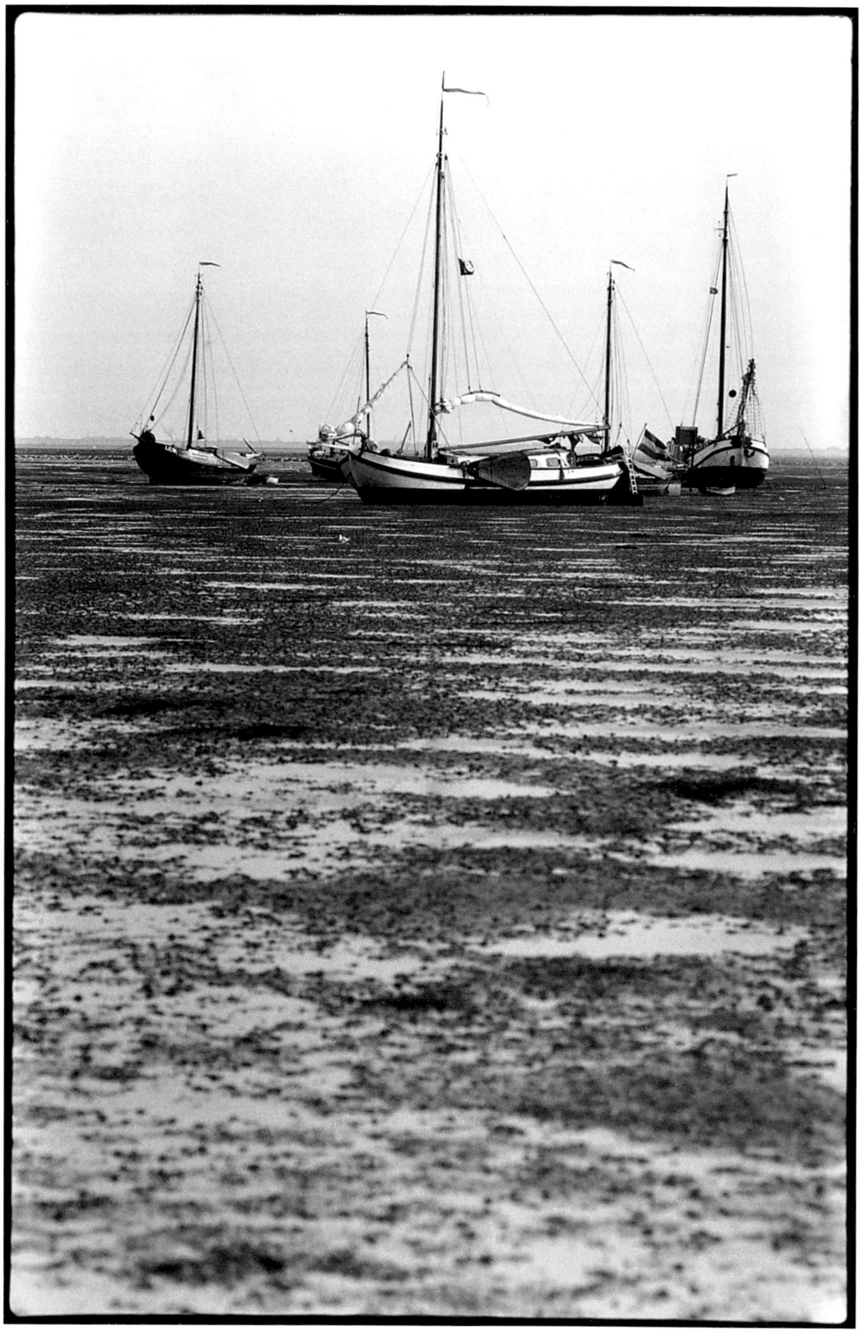

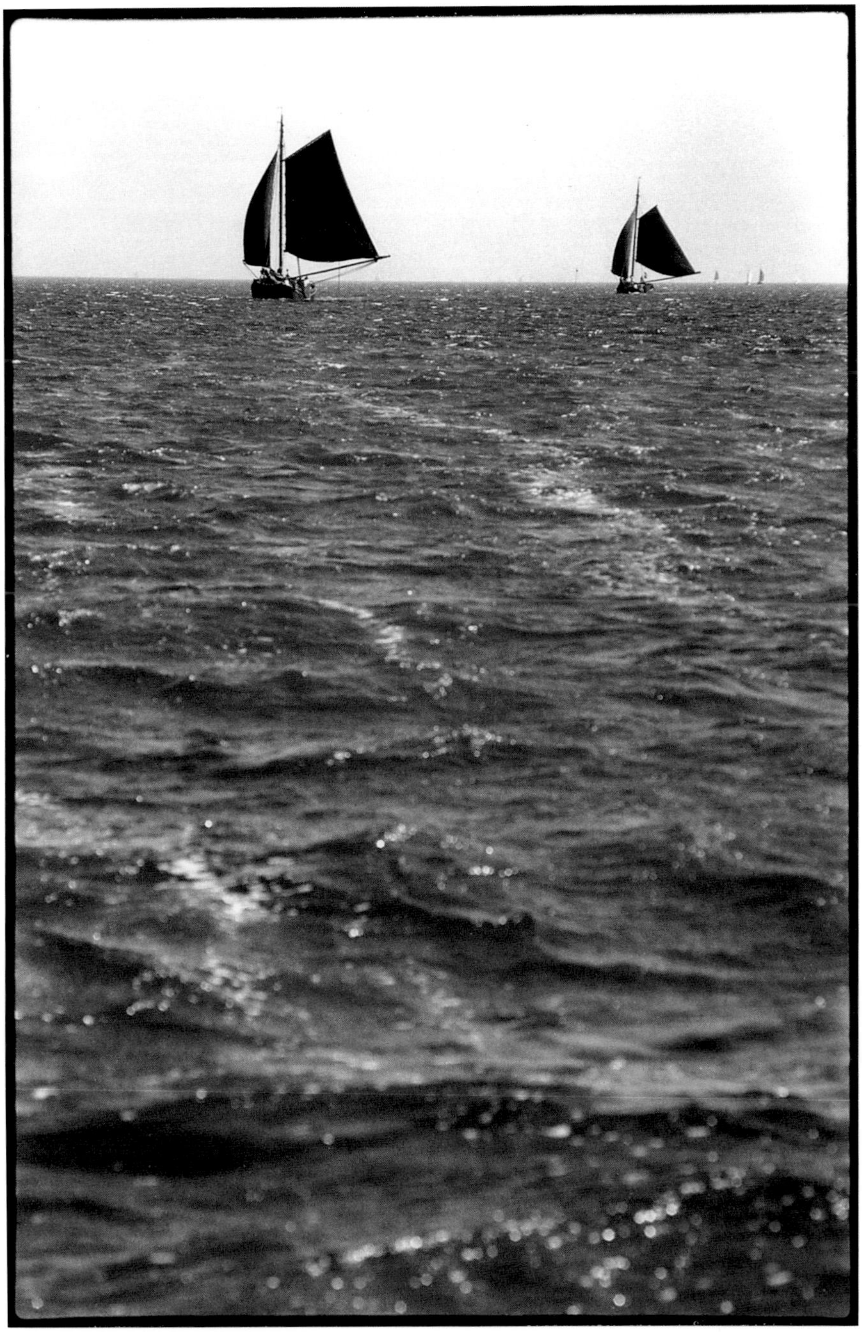

„Der Grog ist fertig", rief es von unten. Ich bückte mich, um hinunterzugehen und fand zu meiner Überraschung, daß auf wunderbare Weise alle Spuren von Unordnung verschwunden waren und eine behagliche Sauberkeit herrschte. Gläser und Zitronen waren auf dem Tisch, und der würzige Duft nach Punsch hatte die vorherigen Gerüche überlagert. Ich zeigte wenig Begeisterung für diese Annehmlichkeit, aber genug, um Davies tief zu erleichtern. Erfreut zeigte er mir seine Speichervorrichtungen und pries die „Geräumigkeit" seiner schwimmenden Bude. „Siehst du, da ist dein Ofen", endete er. „Den alten habe ich über Bord geworfen." Es war eine Schwäche von ihm, sollte ich an dieser Stelle sagen, sich daran zu freuen, unter den dürftigsten Vorwänden Dinge über Bord zu werfen. Hinterher vermutete ich, daß der neue Ofen ebenso wenig „wirklich nötig" gewesen war wie die Takelschrauben, sondern nur als Entschuldigung diente, diese seltsame Neigung zu befriedigen.

Wir rauchten und schwatzten eine Weile, und dann kam das Problem, ins Bett zu gehen. Nachdem ich mir einige Male Knöchel und Kopf gestoßen, ich mich mehrere Male schwindelerregend gewunden hatte, schaffte ich es und lag zwischen den rauhen Decken. Davies, der sich flink und geschickt bewegte, lag bald in seiner Koje.

„Es ist ganz bequem, nicht wahr?" sagte er, als er die Kerze von seinem Platz aus mit der Genauigkeit ausblies, die die Frucht langer Übung gewesen sein mußte.

Mir prickelte es am ganzen Körper, und auf dem

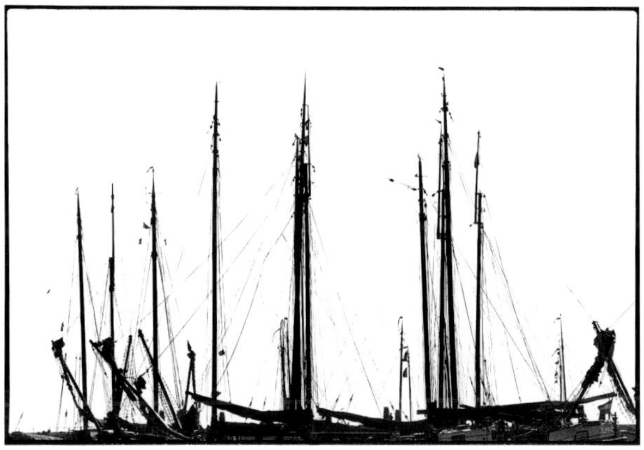

Kopfkissen war ein nasser Fleck, für den ein schwerer Tropfen, der mir auf die Stirn fiel, bald eine Erklärung abgab.

„Ich nehme doch nicht an, daß das Deck leckt?" sagte ich so sanft wie möglich.

„Tut mir schrecklich leid", sagte Davies ernsthaft und wälzte sich aus seiner Koje. „Das muß von dem schweren Tau kommen. Ich habe gestern eine ganze Menge kalfatert, aber die Stelle vermutlich ausgelassen. Ich gehe sogleich rauf und bringe es mit Ölzeug in Ordnung."

„Was ist mit deiner Hand?" fragte ich schläfrig, als er wiederkam, denn Dankbarkeit erinnerte mich an die Bandage.

„Nicht viel. Ich habe sie mir an einem dieser Tage verrenkt", war die Antwort. Und dann kam die anscheinend unzusammenhängende Bemerkung: „Ich bin froh, daß du den Prismenkompaß mitgebracht hast. Selbstverständlich ist er nicht wirklich nötig, aber" (gedämpft durch Decken) „er könnte sich als nützlich erweisen."

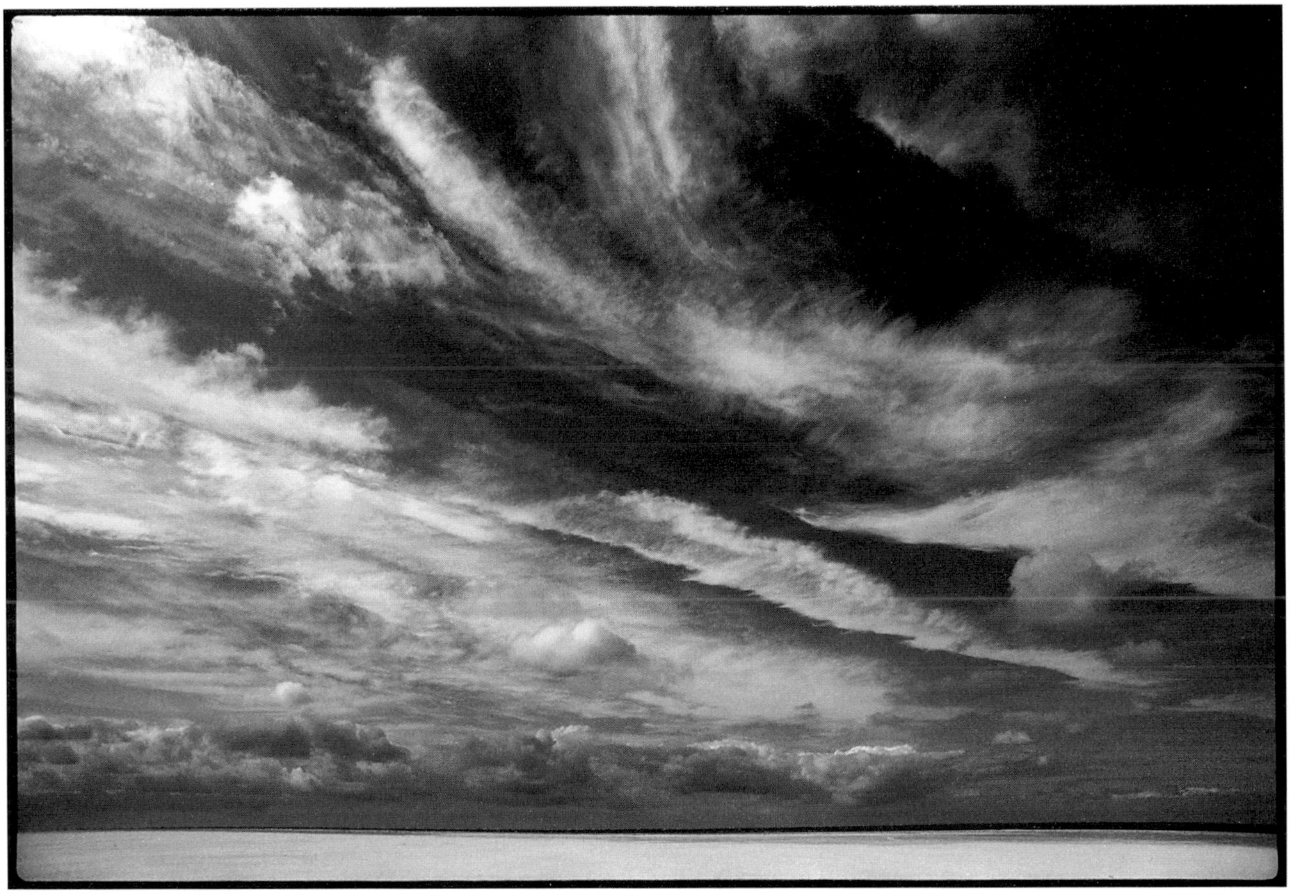

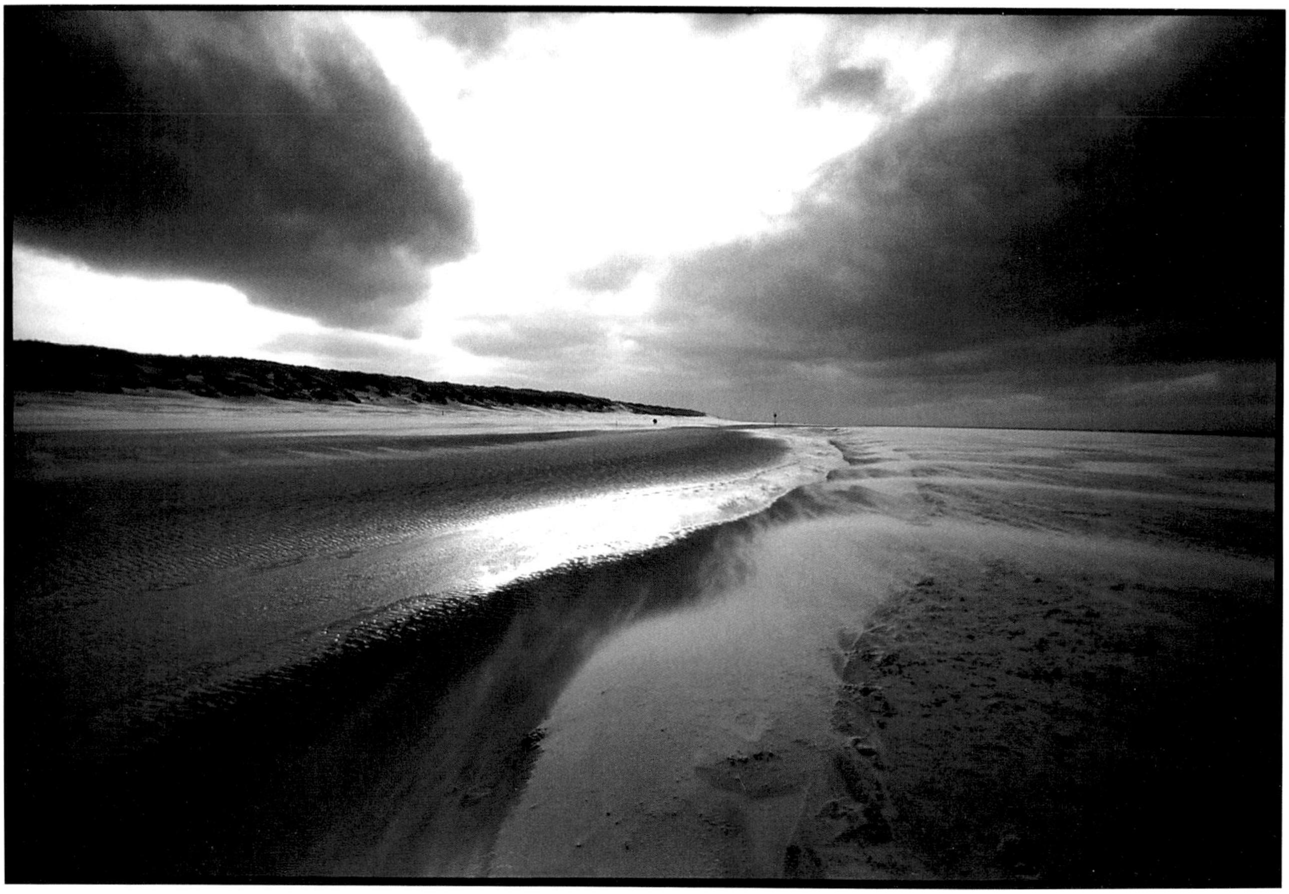

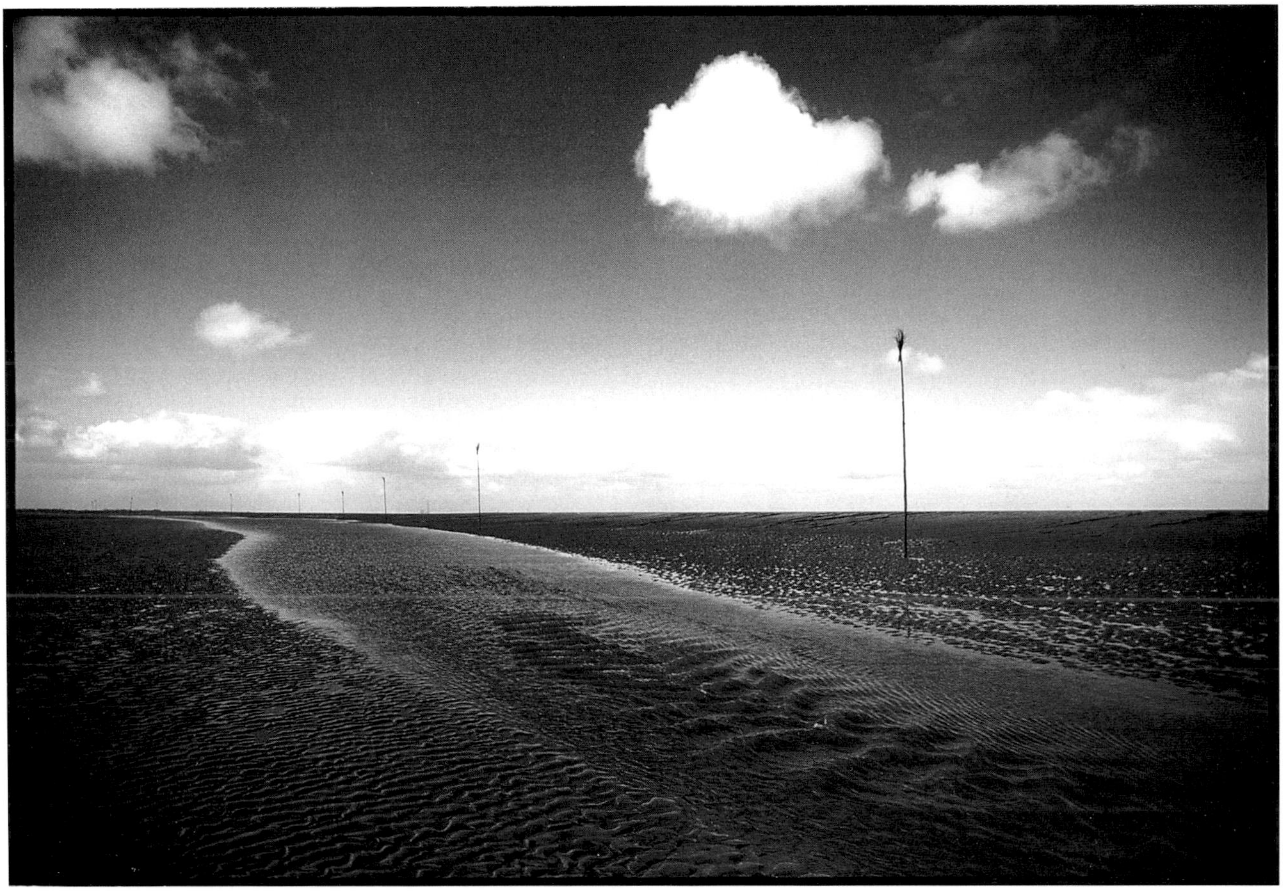

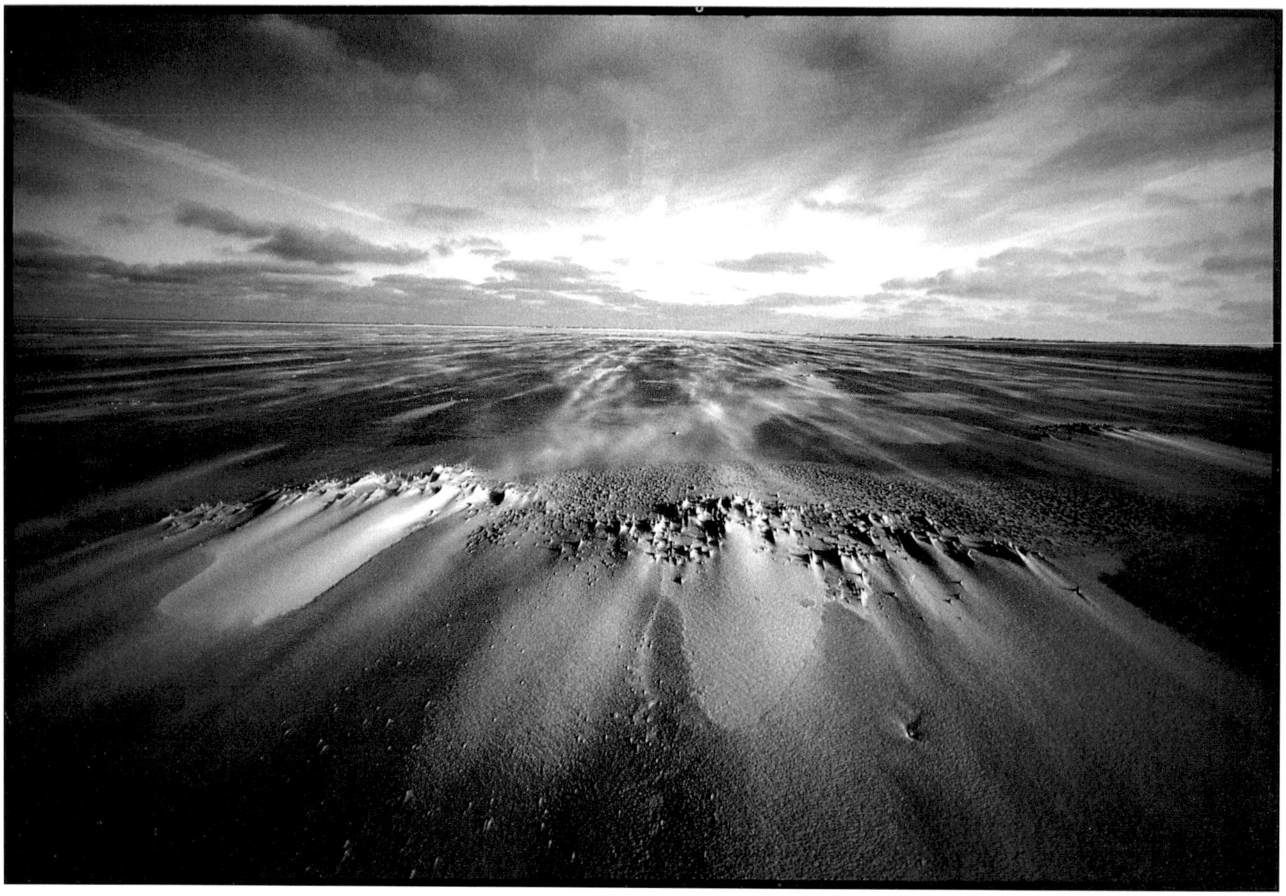

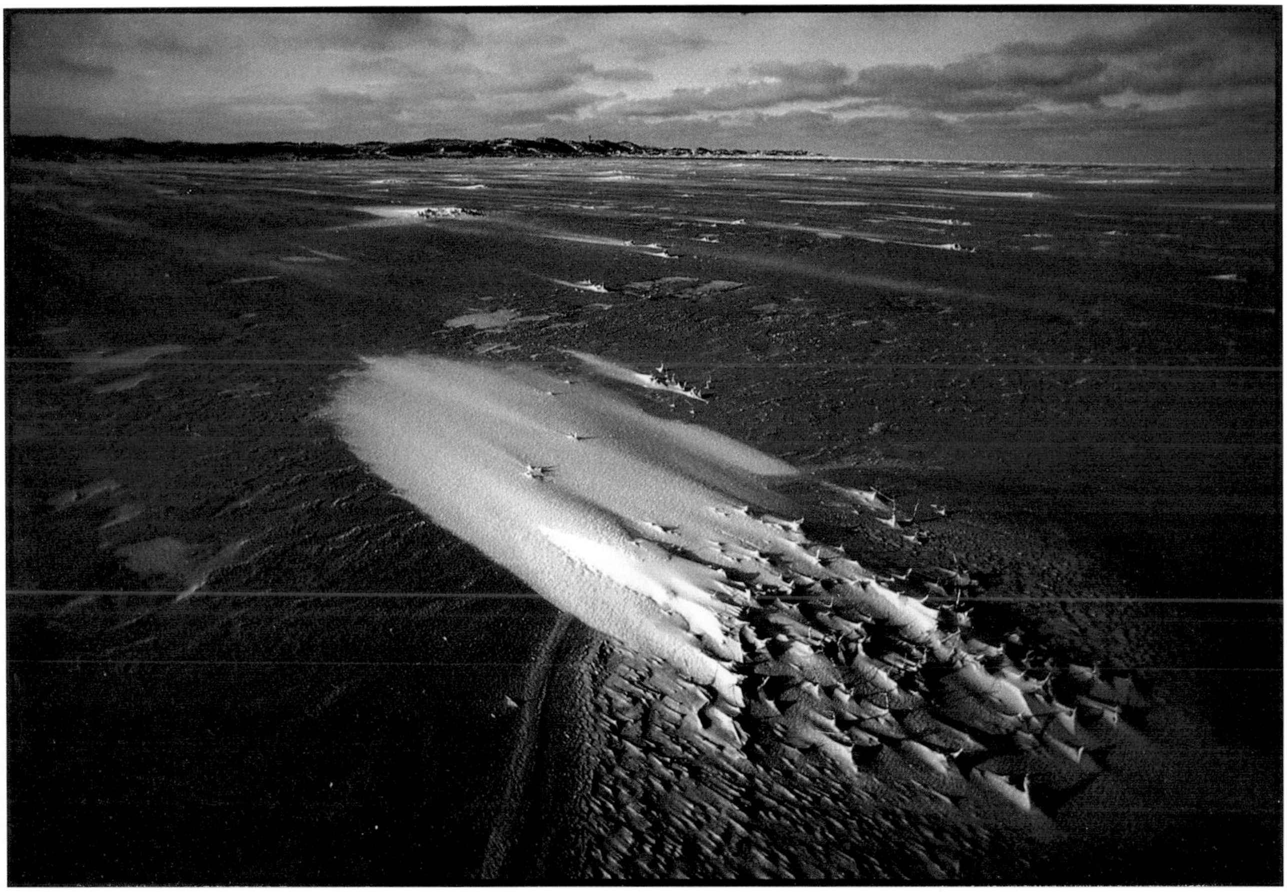

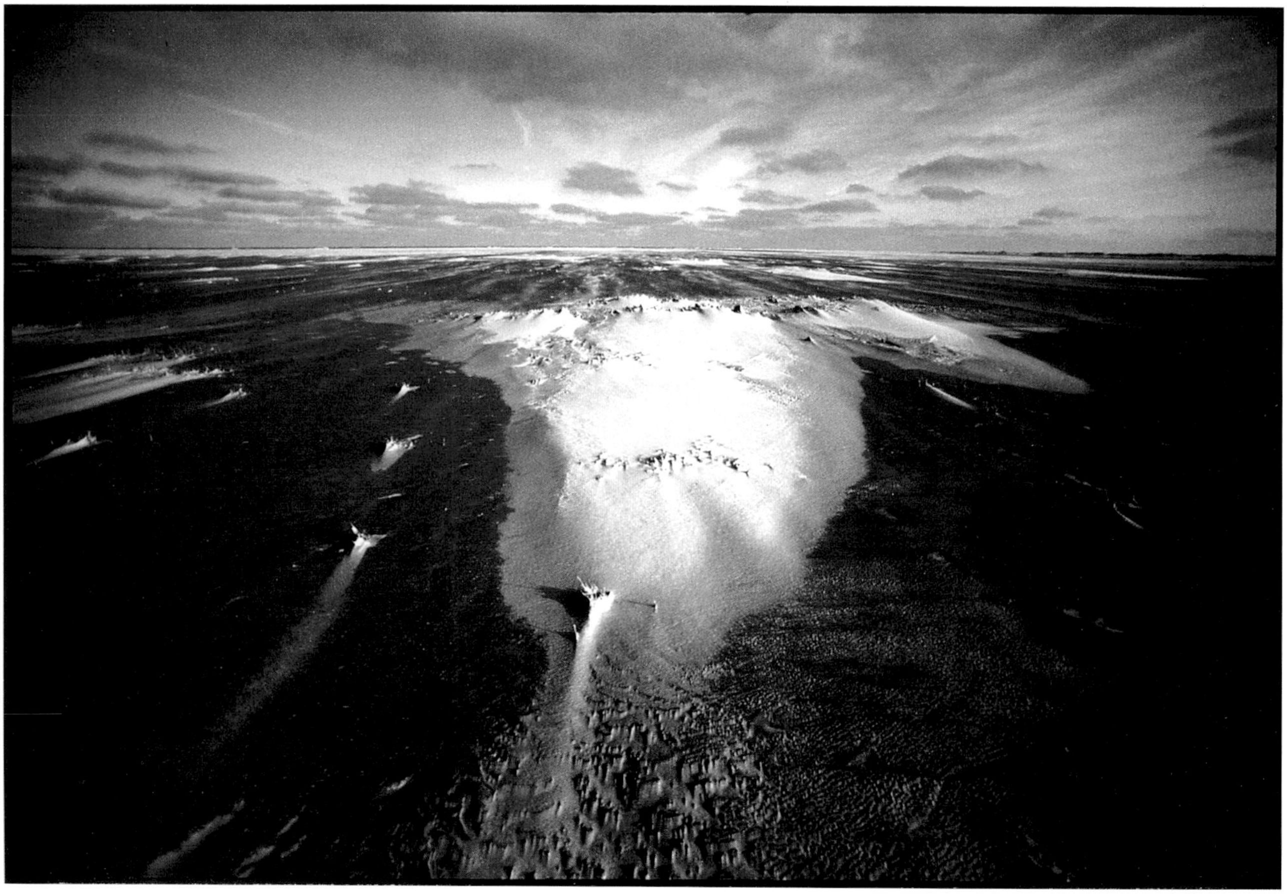

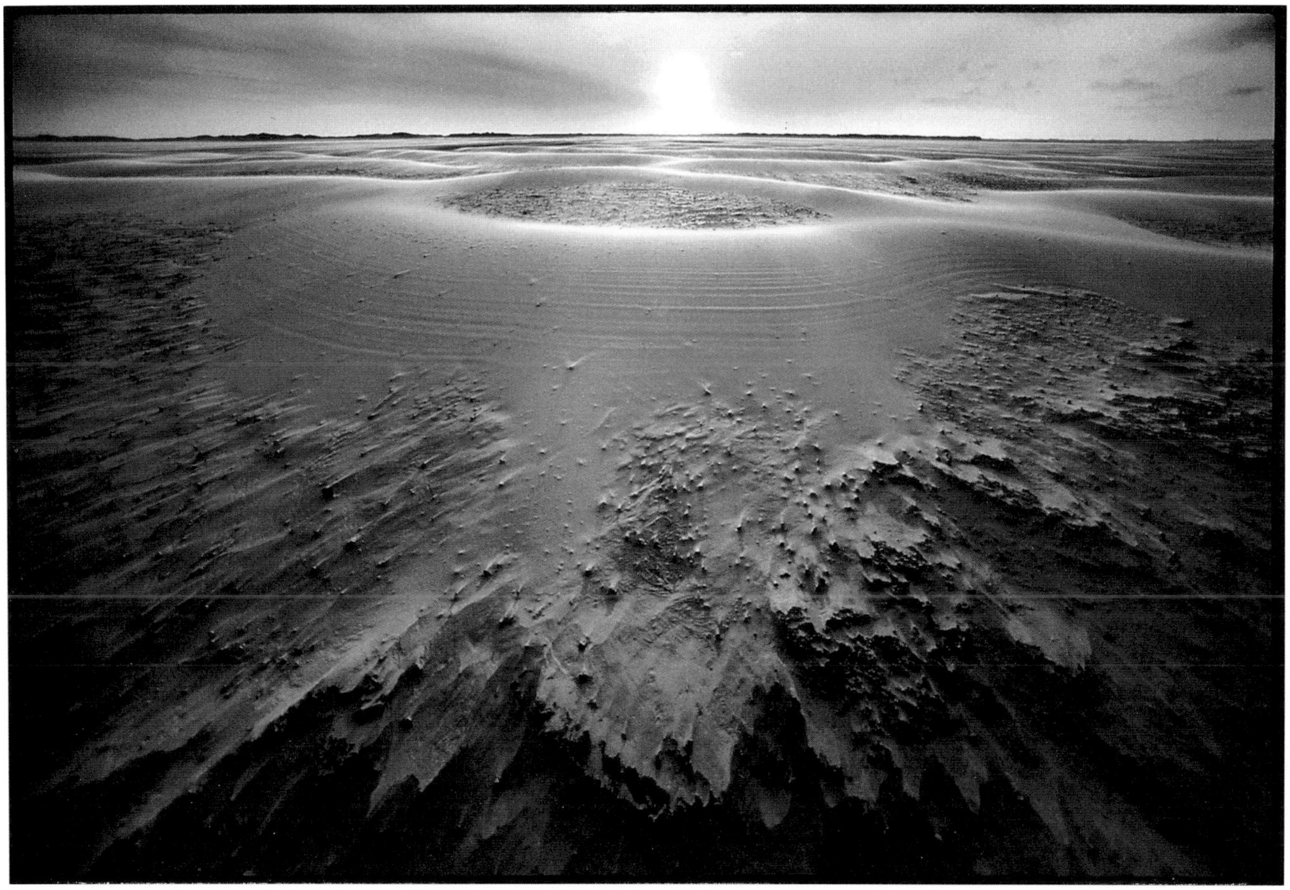

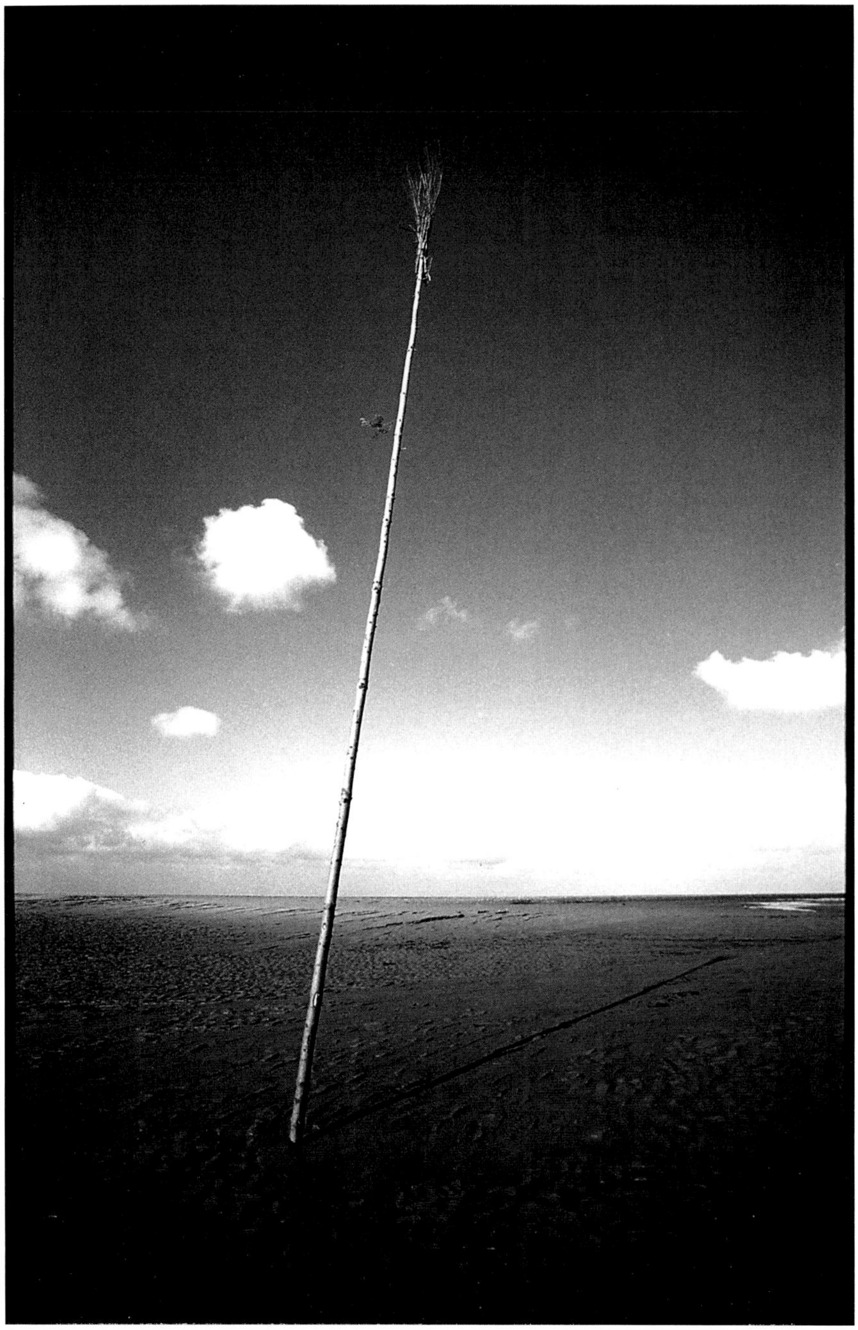

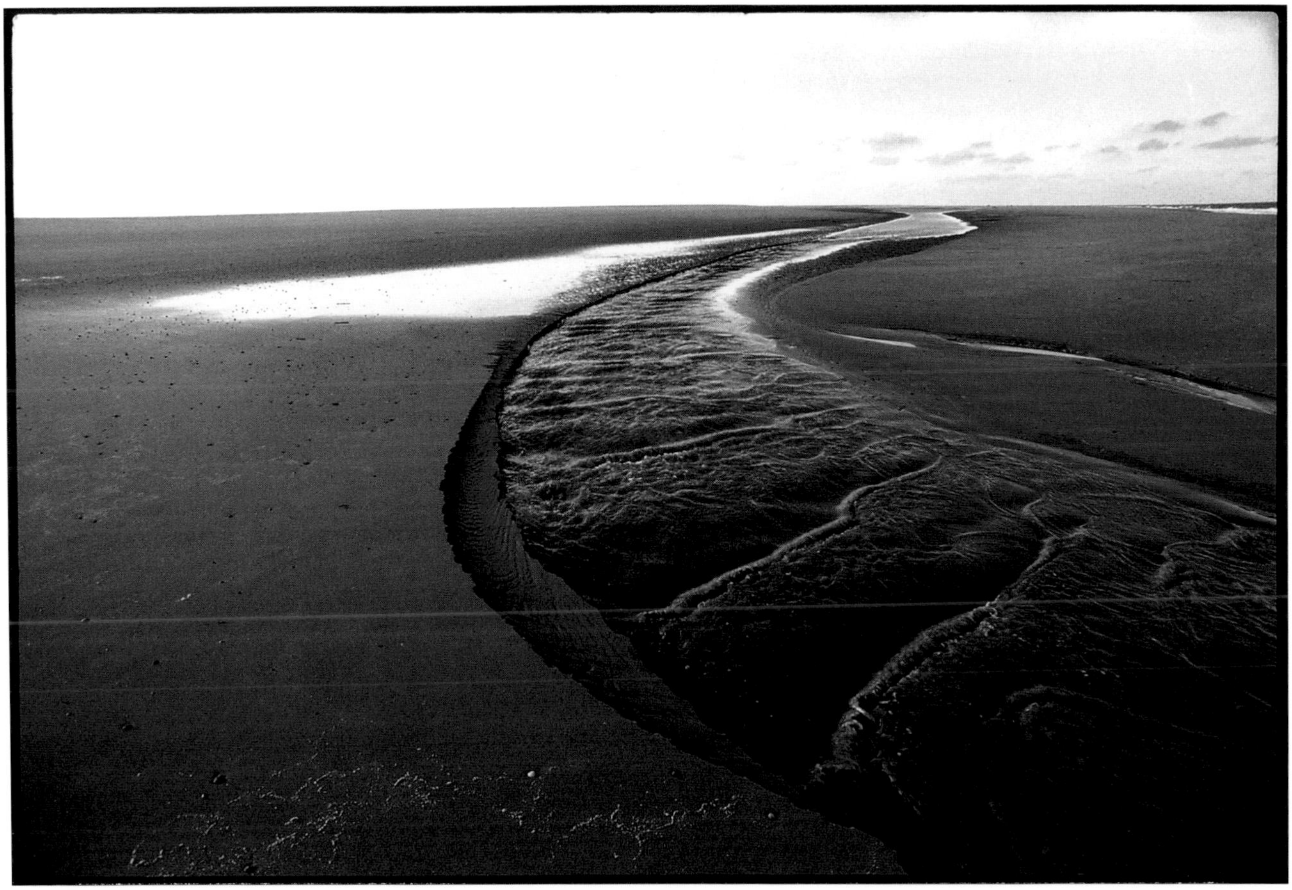

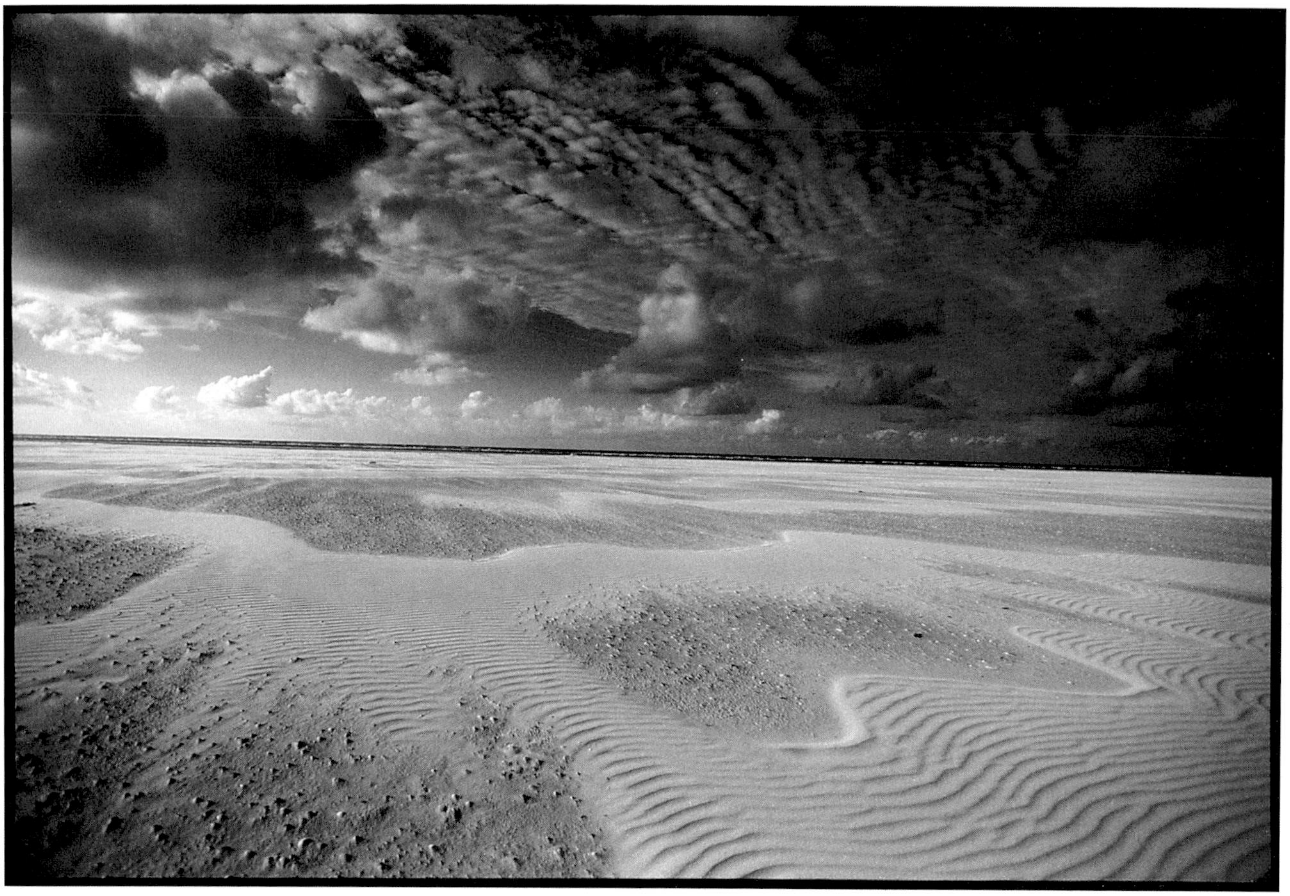

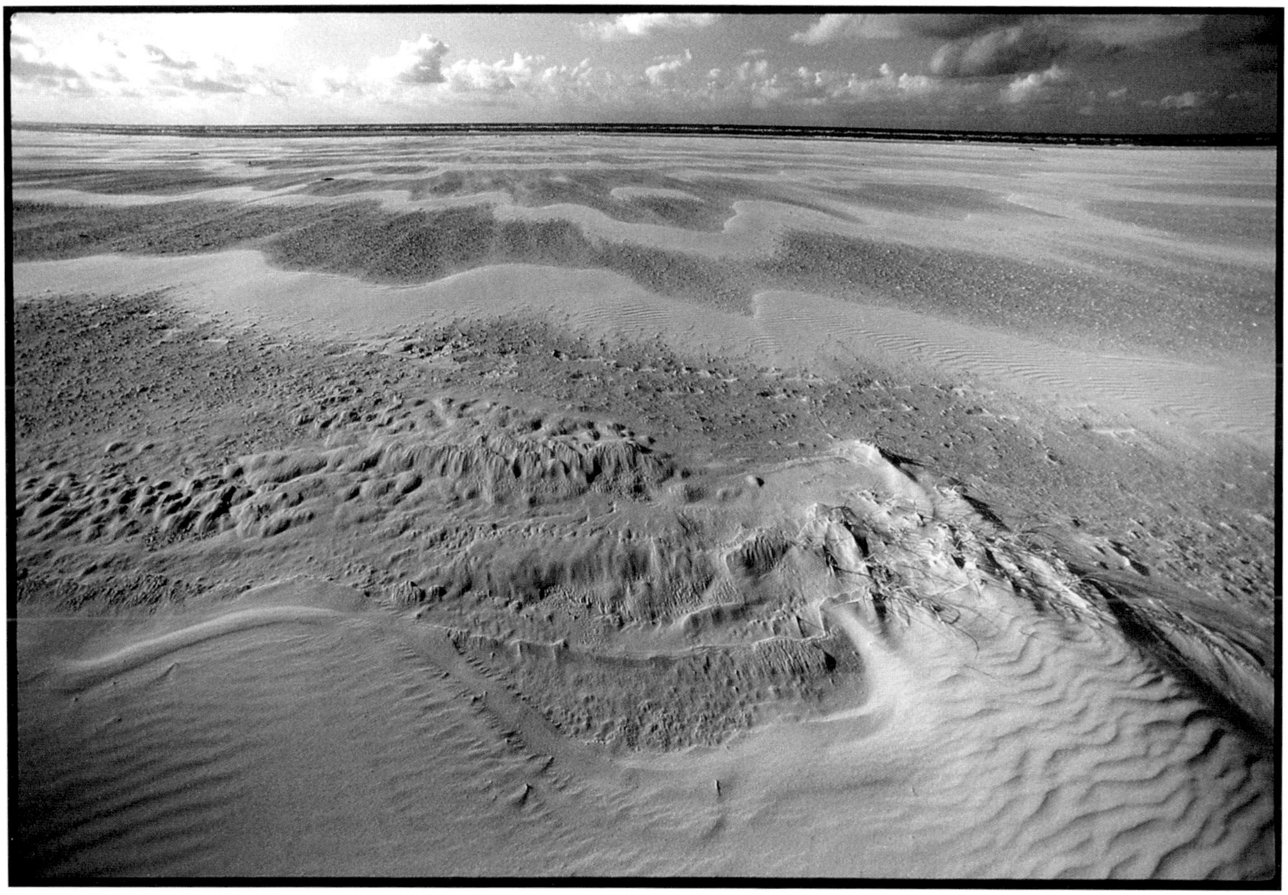

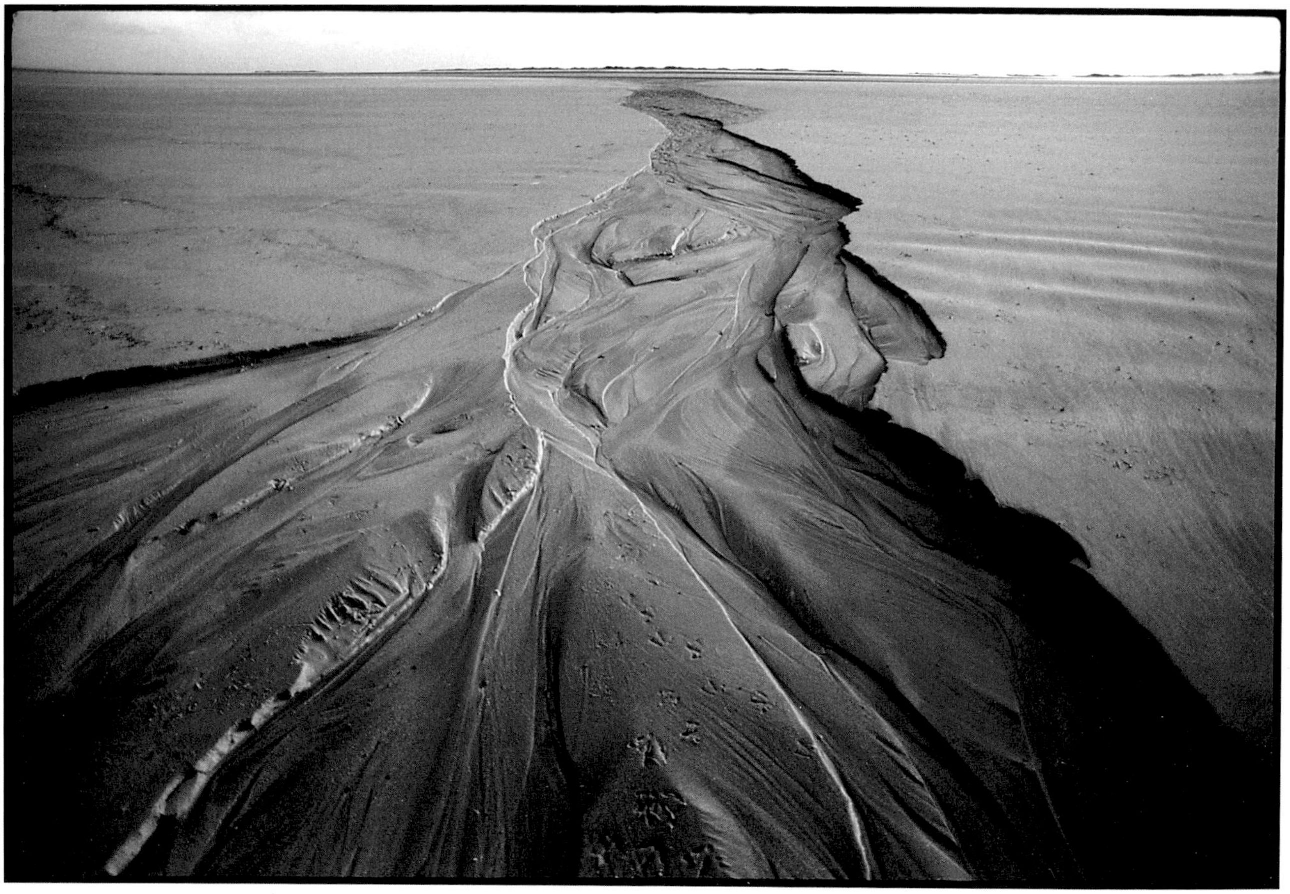

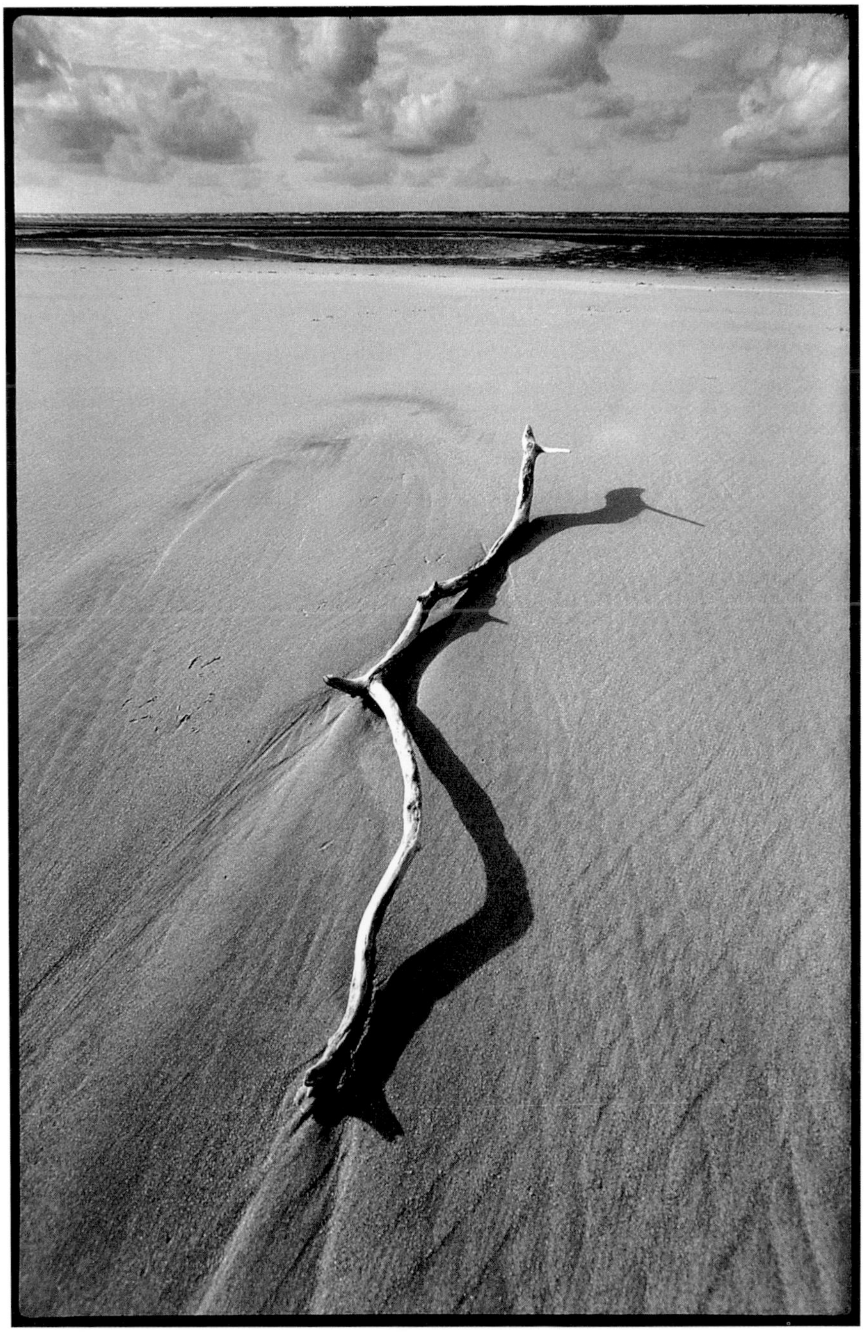

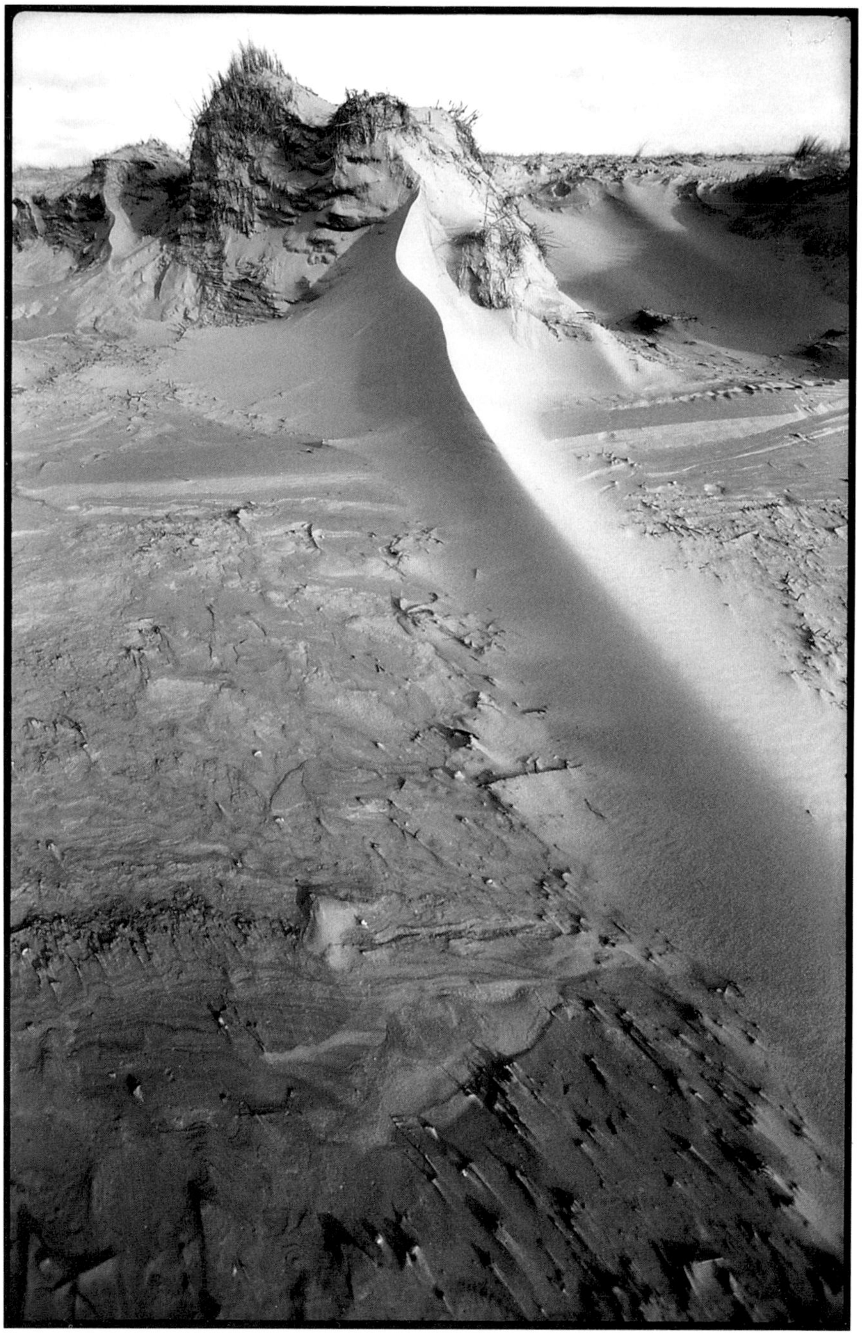

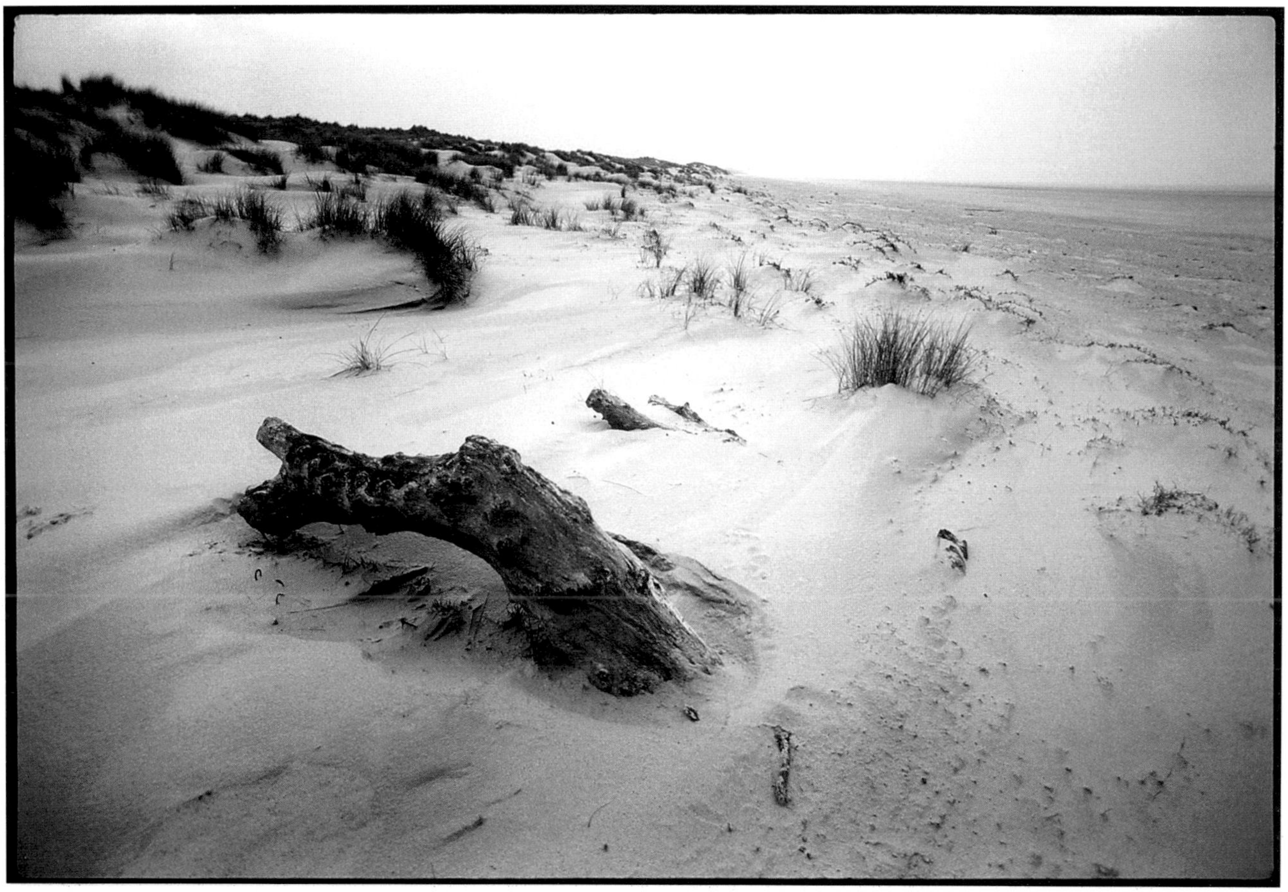

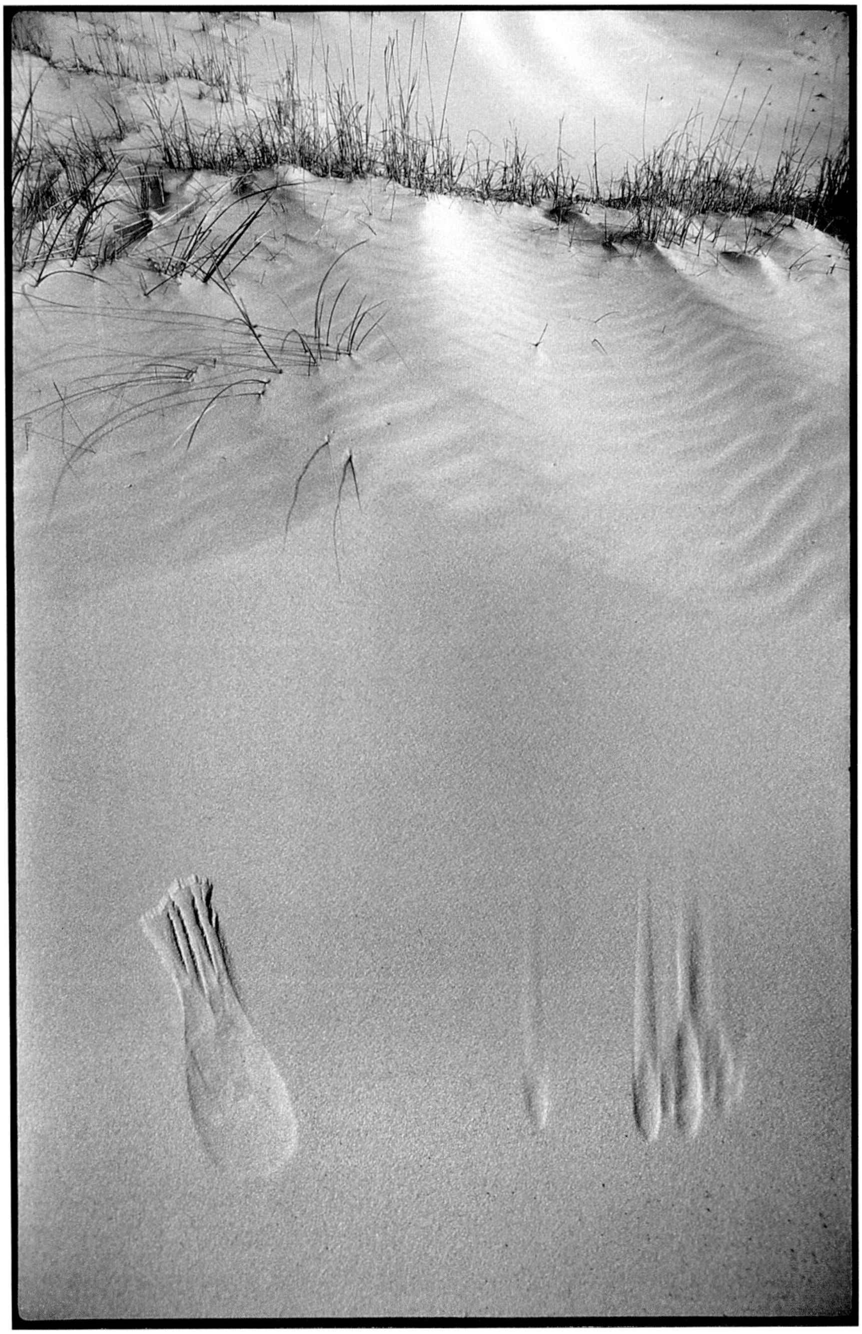

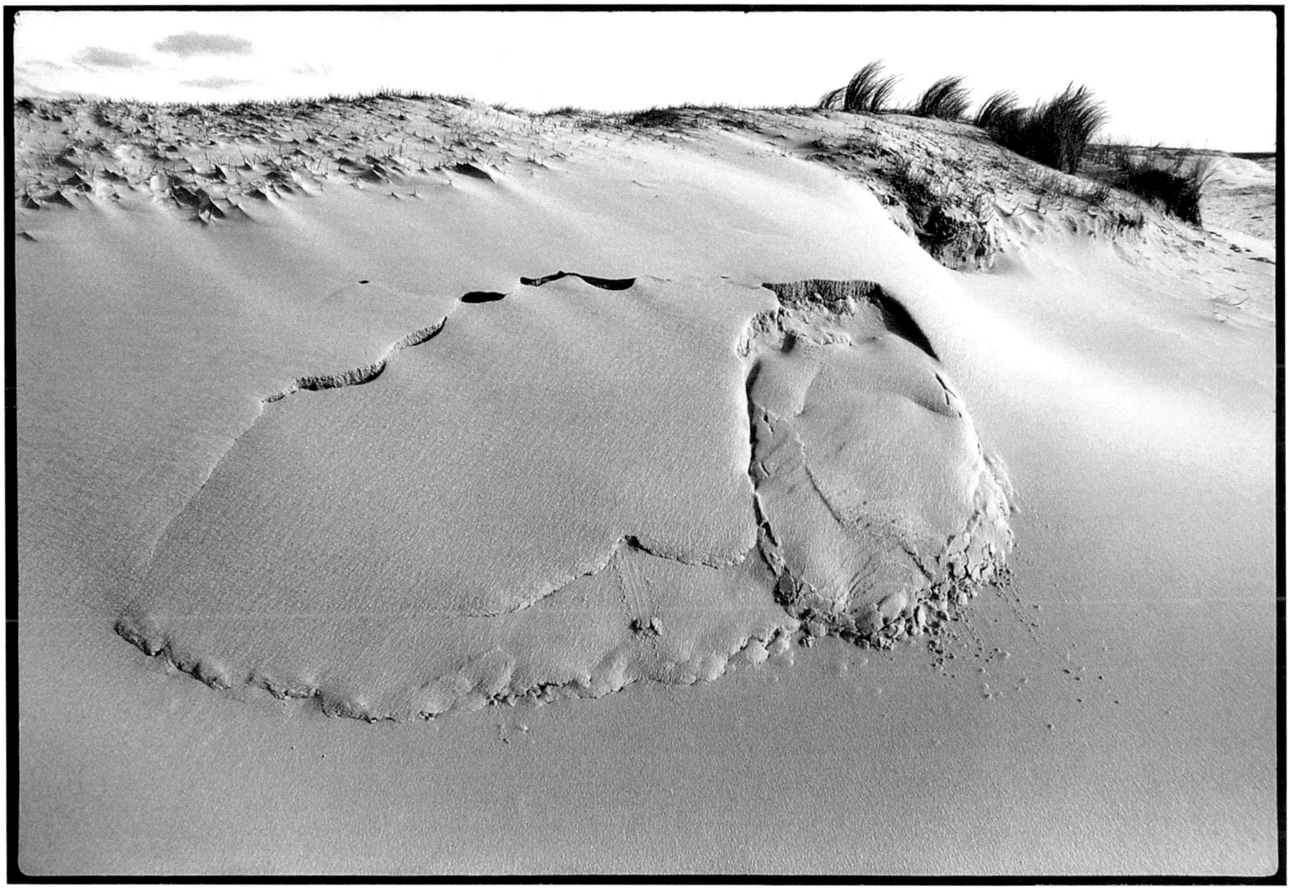

Ich stählte mein Herz für den Morgen. Und siehe da, am 5. Oktober segelten wir um acht Uhr den Fluß hinunter auf unser erstes Arbeitsgebiet zu. Es waren fünfzehn Meilen bis zur Mündung, trübe, traurige Meilen, wie die langweiligsten Strecken der unteren Themse. Aber die Landschaft war uns gleichgültig, und eine südwestliche Brise aus grauem Himmel hielt uns immerzu hin, nötigenfalls ein Reff zu setzen. Die Tide nahm an Stärke zu und trieb uns stromabwärts mit einer Gewalt, die bekräftigt wurde durch die Geschwindigkeit, mit der die Tonnen in Sicht kamen, sich neigten und verschwanden, jede in einem Strudel schmutzigen Schaums wogend. Ich merkte es zuerst kaum – wie ruhig war das Wasser, so gleichmäßig erschienen die Tonnen wie Meilensteine an einer Straße! –, daß die Küstenlinie im Norden schnell zurückwich und der „Fluß“ zu einem Belt tiefen Wassers wurde, der ein weites Mündungsgebiet umfaßte, drei, sieben, zehn Meilen breit, bis er sich mit der offenen See vereinigte.

„Mann, wir sind auf See“, rief ich plötzlich aus, „nachdem wir eine Stunde gesegelt waren!“

„Eben entdeckt?“ sagte lachend Davies.

„Du hast gesagt, es seien fünfzehn Meilen“, beschwerte ich mich.

„Stimmt; bis wir diese Küste bei Cuxhaven hinter uns lassen; aber ich denke, du kannst schon sagen, wir sind auf See; selbstverständlich sind das alles Sände an Steuerbord. Schau mal! Etwas davon ist schon zu sehen.“

Er zeigte nach Norden. Ich sah mich etwas aufmerksamer um und bemerkte jenseits der Tonnenlinie einige Stellen, wo das Wasser wogte und arbeitete; an ein oder zwei Stellen bildeten sich weiße Streifen und Kreise; in einem dieser Kreise hatte sich ein glatter malvenfarbiger Buckel erhoben wie der Rücken eines schlafenden Wals.

Ich sah, daß ein alter Zauber Davies gefangennahm, als sein Blick zum leeren Horizont wanderte. Er erforschte auch alles mit kritischem Eifer, wie einer, der im Gesicht eines alten Freundes nach einem neuen Sinn sucht. Etwas von dieser Leidenschaft übertrug sich auf mich und beruhigte den bebenden Schauer, der mich ergriffen hatte. Das schützende Land war noch immer ein tröstender Nachbar, aber wir trennten uns schnell. Die Tide jagte uns, unterstützt von den straffen Segeln, flußabwärts, und bald waren wir auf der Höhe von Cuxhaven, das sich so tief hinter dem gewaltigen Deich duckte, daß von einigen Häusern nur die Schornsteine zu sehen waren. Etwa eine Meile weiter spitzte sich die Küste zu, und der unschuldige Deich wurde zu einer langen, niedrigen, mit Geschützen gespickten Festung.

Wir sausten hinaus auf die offene See und krängten schwer im jetzt ungehemmten Wind. Die Yacht hob und senkte sich in leichter Dünung, aber mein erster Eindruck war Staunen über die ruhige See, blies der Wind doch frisch und frei von Horizont zu Horizont.

„Mann, dort drüben ist jetzt alles Watt, und wir sind in Lee davon", sagte Davies und schwang begeistert seine Hand über die See an unserer Backbordseite. „Das ist unser Jagdgebiet."

„Was werden wir tun?" fragte ich.

„Stickers-Gat suchen", antwortete er. „Es sollte bei Tonne K liegen."

... Der Wind blies uns jetzt ins Gesicht, und eine volle halbe Stunde lang glitten wir durch immer schneller aufeinanderfolgende Wendemanöver vorwärts in den gewundenen Tiefen eines Priels, der die Untiefen westwärts durchzog. Ich kniete in einem Tauknäuel und hantierte – unter dem nebelhaften Eindruck, daß etwas sehr Kritisches sich vorbereitete – mit dem Lot, stieß und bespritzte mich, rief die immer geringer werdenden Tiefen aus und war mir der Wichtigkeit meiner Funktion nur zu sehr bewußt. Davies schien überhaupt nicht hinzuhören, sondern kreuzte unerschütterlich weiter, jonglierte mit Ruderpinne, Segel und Karte, daß einem vom Zusehen schon schwindlig wurde. Trotz unseres Eifers schienen wir nur sehr langsam voranzukommen.

„Es hat keinen Zweck, die Tide ist zu stark; wir müssen es wagen", sagte er schließlich.

„Was wagen?" fragte ich mich.

Unsere Kreuzstrecken wurden plötzlich länger und die von mir registrierten Tiefen seichter. Eine Zeitlang ging es gut, wir kamen besser voran. Dann kam eine längere Strecke als sonst.

„Zweieinhalb Faden – zwei – eineinhalb – ein Faden – nur noch fünf Fuß", keuchte ich vorwurfsvoll. Das Wasser wurde kabbelig und schäumend.

„Es macht nichts, wenn wir es tun", sagte Davies laut denkend. „Wir haben einen Strudel hier, und es wäre schade, ihn nicht zu nutzen. Klar zum Wenden! Zurück mit dem Klüver!"

Aber es war zu spät. Die Yacht reagierte nur schwach auf das Ruder, stoppte und krängte, wälzte sich und mahlte. Davies hatte das Großsegel im Nu unten; es deckte mich halb zu, als ich ängstlich und hilflos in Lee zwischen dem Gewirr von Tauen kauerte. Ich kroch aus den Falten und sah, wie er träumend am Mast stand.

„Es hat nicht viel Zweck bei ablaufendem Wasser“, sagte er, „aber wir werden versuchen zu warpen. Steck die Verholleine langsam aus, während ich den Warpanker ausbringe.“

Blitzschnell hatte er das Spanntau vom Dingi losgemacht, den Anker und sich ins Beiboot geworfen, war fünfzig Meter weit in tieferes Wasser gerudert und hatte den Anker fallen lassen.

„Hol ein jetzt“, rief er.

Ich holte ein und begann zu erkennen, was warpen heißt.

„Nur mit der Ruhe! Schinde dich nicht“, sagte Davies und sprang wieder an Bord.

„Sie kommt“, stieß ich triumphierend aus.

„Die Verholleine kommt, die Yacht nicht; du holst den Anker ein. Macht nichts, sie liegt hier gut. Laß uns zu Mittag essen.“

. . . die drei breiten Wasserstraßen von Jade, Weser und Elbe teilen das Watt in zwei Hauptgruppen. Die westlichste hat einen symmetrischen Umriß, ein spitzwinkliges Dreieck, sehr ähnlich einem stahlbewehrten Spieß, wenn man sich die Halbinsel, von der sie ausgeht, als den hölzernen Schaft vorstellt. Die andere ist eine Anhäufung von Bänken, deren Basis an der Küste des Landes

Hannover liegt; zwei Seiten davon sind leidlich sauber und gerade, und die dritte, die nach Nordwesten zeigt, ist zerfasert und zerrissen von der wütenden See, die tiefe Höhlungen herausgefressen und ihre hungrigen Greifarme bis weit ins Innere gestreckt hat. Das Ganze gleicht einem umgekehrten E oder, noch besser, einer primitiven Gabel, an deren drei südlichen Zinken – dem Scharhörnriff, dem Knechtsand und der Tegeler Untiefe – ebenso wie an der nicht weniger tödlichen Spitze des Spießes manches gute Schiff bei Nordsturm zerschellt. Um bei diesem Vergleich zu bleiben, die Hohenhörnbank, an der Davies strandete, ist eine von denen, die zwischen der oberen und der mittleren Zinke liegen.

Unsere Aufgabe war es, den Spieß und die Gabel sowie die sich darin verzweigenden Priele zu erkunden. Ich benutze den allgemeinen Ausdruck „Priel", aber tatsächlich sind sie in ihrer Art sehr unterschiedlich und werden im Deutschen mit verschiedenen Namen bedacht: Balje, Gat, Loch, Tief, Rinne. Für meine Zwecke brauche ich sie nur in zwei Sorten zu unterteilen: in solche, die bei jeder Tide Wasser führen, und andere, die bei Ebbe teilweise oder ganz trockenlaufen.

Davies erklärte, daß wir über die letzteren am meisten herausbringen müßten und sie unsere Hauptsorge sein würden, weil sie die „Durchgangsstraßen" seien – die Verbindungsglieder zwischen den Mündungsgebieten. Auf der Seekarte sind sie an Reihen kleiner Y-förmiger Striche zu erkennen, die Pricken anzeigen, das heißt Stangen oder junge Bäume, die ins Watt gesteckt werden, um die Fahrrinne zu markieren. Die Striche selbst sind nur übliche Zeichen und entsprechen nicht im geringsten den einzelnen Pricken, die viel zu zahlreich und zu kompliziert sind, um sie auf einer Karte selbst im größten Maßstab genau anzuzeigen. Das gleiche trifft auf den Lauf der Priele zu, deren kleinere Krümmungen nicht wiedergegeben werden können.

Die Yacht lag jetzt am Rande eines dieser tidenabhängigen Wasserwege. Es wird Stickers-Gat genannt, und man kann es nicht verfehlen, wenn man seinen Blick nach Westen entlang unserem Kurs ab Cuxhaven richtet. ▬

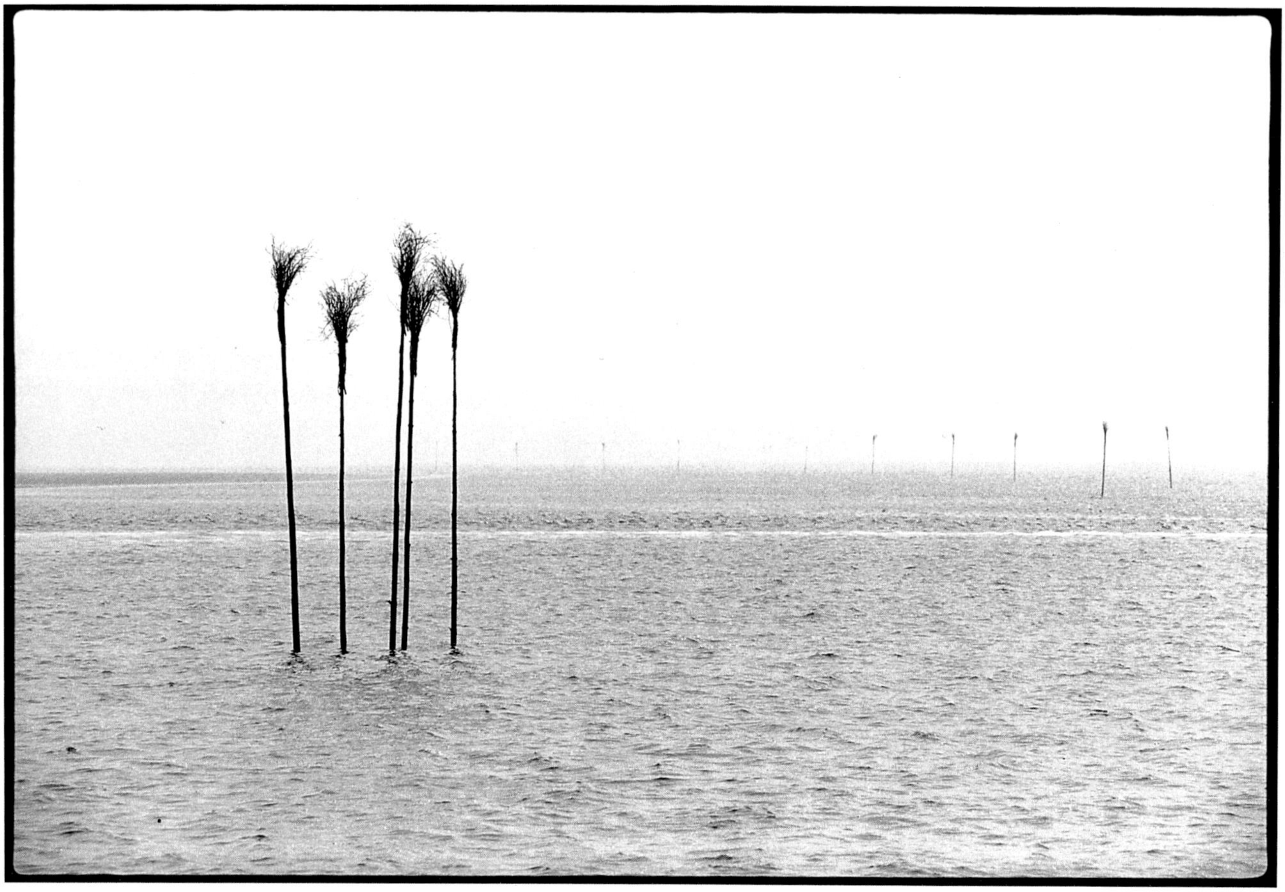

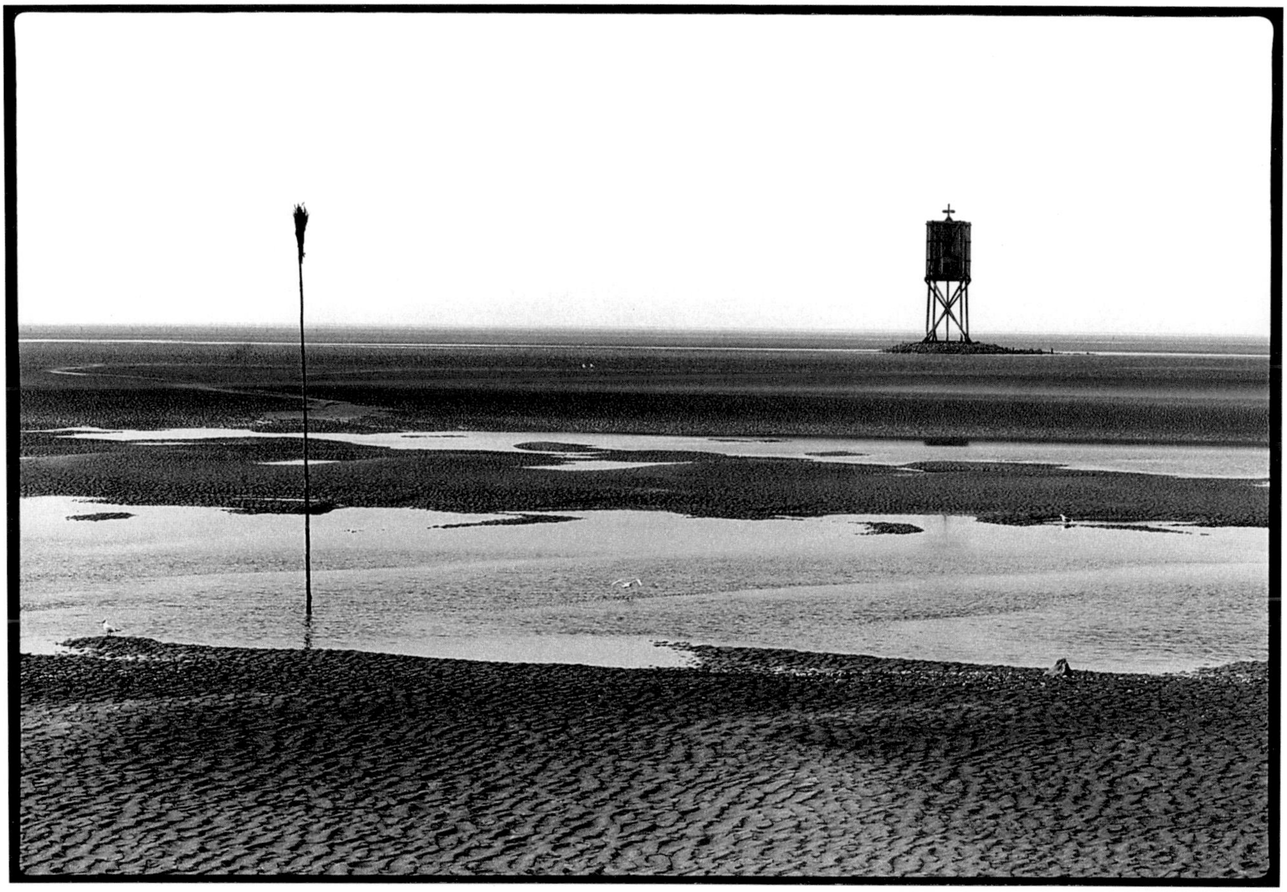

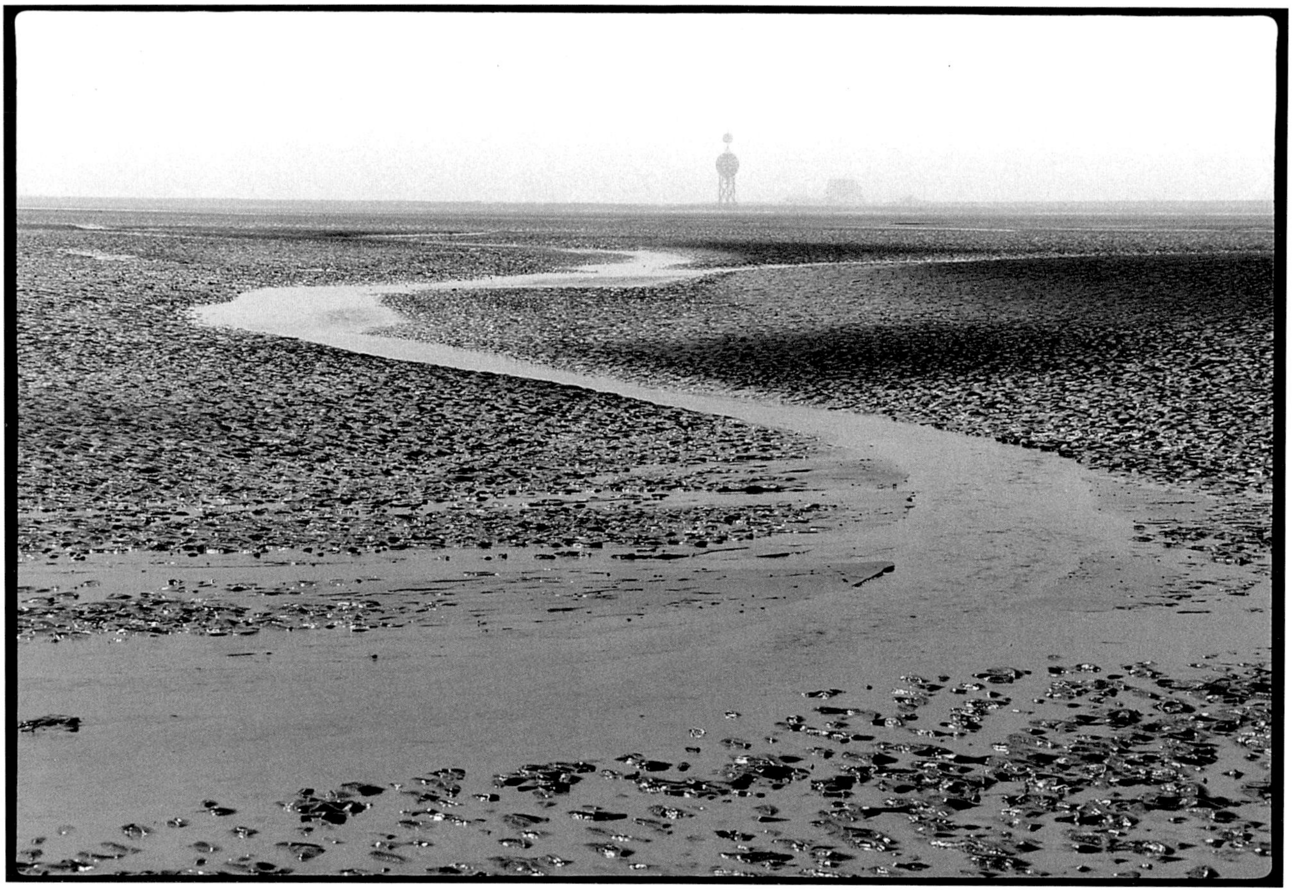

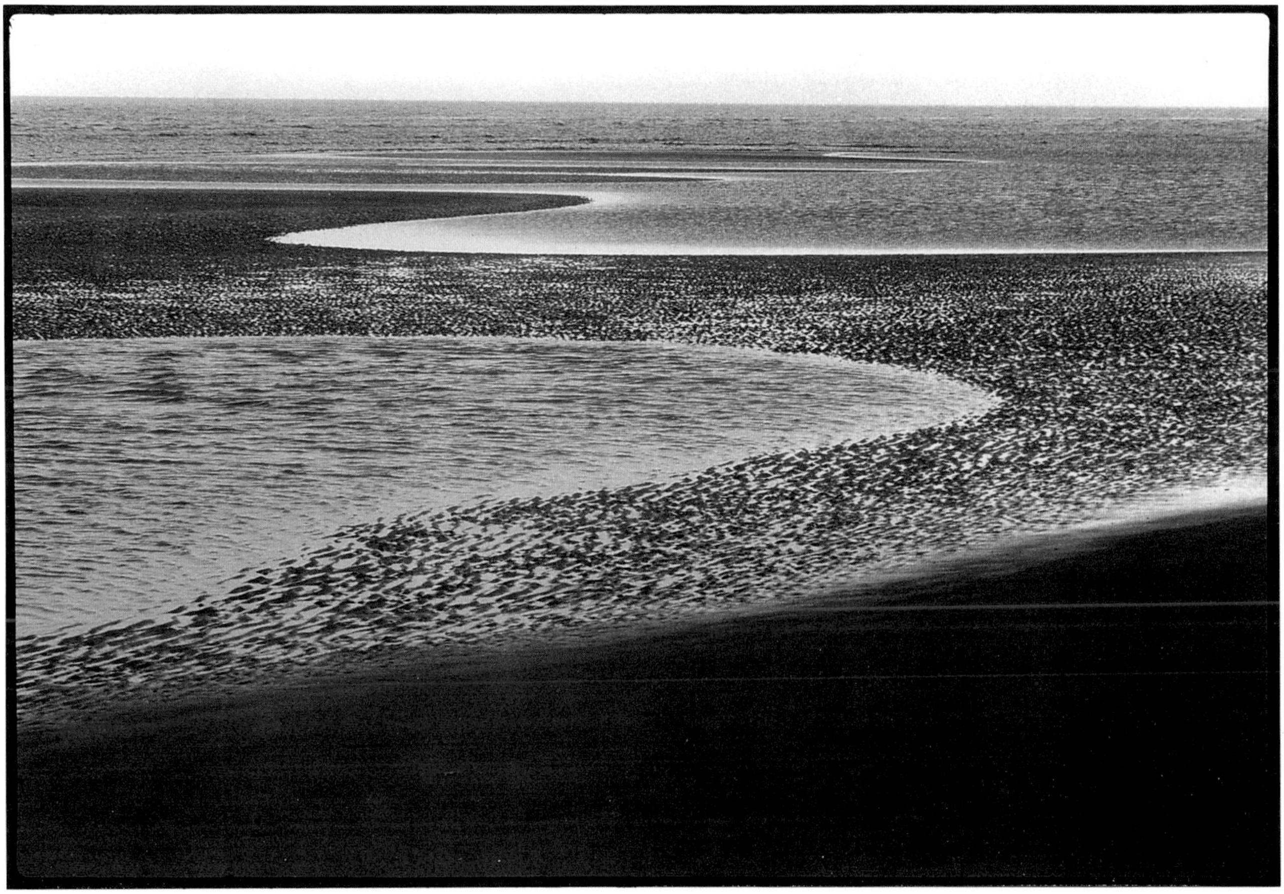

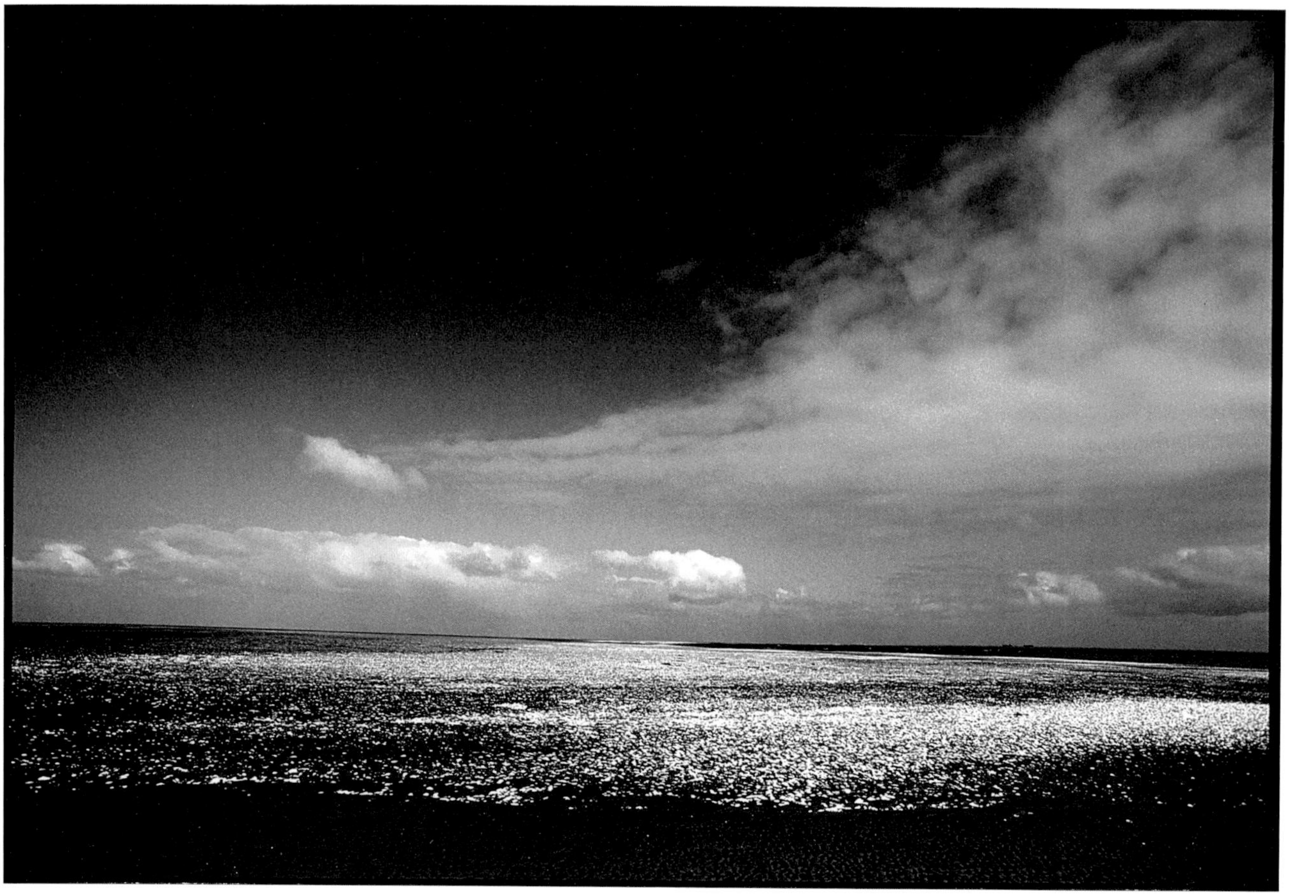

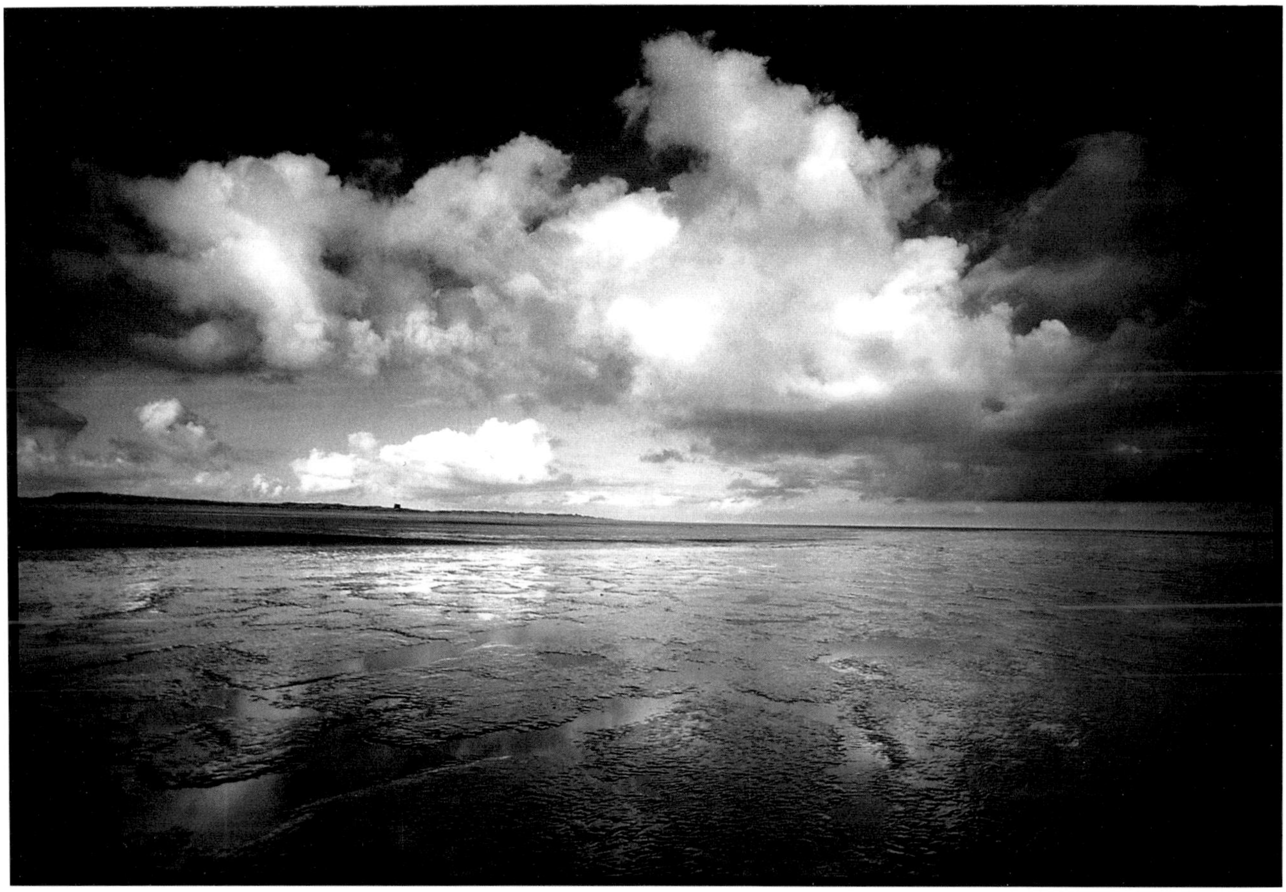

Die Wüste, wie ich sie nenne, war nicht ganz ohne eigene Züge. Ihre Farben wechselten von hellbraun an den vom Wind getrockneten höchsten Stellen, zu braun oder dunkelviolett an den noch nassen, und zu schiefergrau, wo Schlammflecken ihre reine Brust besudelten. Hier und da war eine Wasserlache, die der kraftlose Wind kräuselte; hier und da war sie mit Muscheln und Tang gesprenkelt. Und in unserer Nähe begann sich in Richtung auf den zischenden Knoten im Nordwesten unser armer kleiner Priel zu winden, erbarmungslos bloßgelegt als schlammiger Graben mit stehendem, kaum fußhohem Wasser, nicht tief genug, um unseren kleinen Warpanker zu verbergen, der in frechem Spott einen Arm emporreckte. Der langweilige, unfreundliche Himmel, der Wind, der in der Takelage stöhnte, als weine er verzweifelt um eine ihm entgangene Beute, machten die Szene unsagbar einsam.

Davies betrachtete sie für einen Augenblick mit Behagen, kletterte auf einen Aussichtspunkt auf dem Querbaum und verfolgte mit dem Fernglas den Lauf des Priels.

„Ziemlich gut ausgeprickt", sagte er nachdenklich, „aber eine oder zwei stehen sehr weit draußen. Mein Gott, das ist dort eine heikle Kurve." Er nahm mit dem Kompaß eine Peilung, machte sich ein paar Notizen und dann einen kräftigen Sprung runter in den Sand.

Das war, wie ich sagen darf, die einzige Art „an Land zu gehen", die er wirklich mochte. Wir liefen so schnell es unsere plumpen Seestiefel erlaubten, folgten dem Lauf unseres Priels nach Westen und erkundeten den Weg, dem wir folgen mußten, wenn die Tide auflief.

„Die einzige Möglichkeit, eine Gegend wie diese kennenzulernen, ist, sie bei Niedrigwasser zu sehen", rief er. „Die Bänke sind dann trocken und die Priele deutlich zu erkennen. Schau dir diese Pricke an –" er blieb stehen und sagte verächtlich, „sie steht ganz falsch. Ich nehme an, der Priel hat hier seinen Lauf verändert. Es ist obendrein noch eine wichtige Kurve. Nähmst du sie als Wegweiser, wenn das Wasser höher ist, würdest du auflaufen."

„Was sehr nützlich wäre", meinte ich.

„Ach, zum Teufel!" lachte er. „Wir erkunden alles. Ich möchte in der Lage sein, ohne Fehler durch diesen Priel zu fahren. Das nächste Mal werden wir das auch." Er blieb stehen und hantierte mit Kompaß und Notizbuch. Dann liefen wir weiter, bis der nächste Halt erforderlich war.

„Schau", sagte er, „der Priel wird voller. Vor kurzem war er noch fast trocken. Siehst du jetzt die Strömung darin? Das ist die auflaufende Flut – vom Westen her, wohlgemerkt, das heißt von der Seite der Weser. Somit sind wir an der Wasserscheide vorbei."

„Wasserscheide?" wiederholte ich verwirrt.

„Ja, so nenne ich das. Weißt du, ein großer Sand wie dieser ist wie eine Hügelkette, die zwei Ebenen teilt – er ist nie ganz flach, obwohl es so aussieht; da gibt es immer einen Punkt, oder besser einen Rücken, wo er am höchsten ist. Nun ist ein Priel, der diesen Sand durchschneidet, selbstverständlich immer dann am seichtesten, wenn er diesen Rücken überquert. Bei Niedrigwasser ist er da meistens trocken, und er wird allmählich tiefer, wenn er sich der See zu beiden Seiten nähert. Nun kann das Wasser bei Flut, wenn der ganze Sand bedeckt ist, laufen, wohin es will. Aber sobald die Ebbe einsetzt, fällt das Wasser zu beiden Seiten des Rückens ab, und aus dem Priel werden zwei Flüsse, die – weg von der Mitte – oder der Wasserscheide, wie ich es nenne – einander entgegengesetzt fließen. Ist jetzt die Ebbe vorbei und die Flut beginnt, wird der Priel von zwei Strömen gespeist, die zur Mitte fließen und sich dort treffen. Hier sind Elbe und Weser unsere beiden Zuführer. Nun geht diese Strömung nach Osten; wir wissen aber, daß zu dieser Tageszeit die Tide aufläuft, also liegt die Wasserscheide zwischen uns und der Yacht."

„Warum ist es so wichtig, das zu wissen?"

„Weil diese Strömungen stark sind und man wissen möchte, wann man eine günstige verliert und auf eine schlechte trifft. Außerdem ist der Rücken der kritische Punkt, wenn du ihn bei fallender Tide überquerst und wissen willst, wann du ihn hinter dir hast."

Wir zogen weiter, bis uns ein großes Haff den Weg versperrte. Es sah viel imposanter aus als der Priel, aber Davies bedachte es nach einem schnellen forschenden Blick mit einem verächtlichen Grunzen.

„Es ist eine Sackgasse", sagte er. „Siehst du den Sandberg dahinter, bis zu dem es sich erstreckt?"

„Es ist ausgeprickt", wandte ich ein und zeigte auf eine altersschwache Stange, die zitternd über der Bank hing und wie ein Finger den Schwindel rügte.

„Ja, so wird man in die Irre geführt; es ist eine alte Rinne, die versandet ist. Die Pricke ist ein Betrug; wir haben keine Zeit weiterzugehen, die Flut kommt schnell. Ich mache nur noch Peilungen von dem, was wir sehen können."

Das falsche Haff war nur eins von mehreren, die im Westen sichtbar wurden, anschwollen und sich über die Rippen des sie zerteilenden Sandes hinweg die Hand reichten. Das ferne Zischen kam näher und wurde lauter und brachte ein tiefes Donnern mit sich. Wir kehrten dem Wind den Rücken zu und hasteten zur Dulcibella zurück, indes an unserer Seite die Strömung im Priel miteilte und anschwoll.

„Wir haben gerade noch Zeit, die andere Seite zu erledigen", sagte Davies, als wir beim Boot ankamen, und ich beglückwünschte mich, daß wir unseren Stützpunkt wiedererlangten, ohne die Verbindungswege zu ihm abgeschnitten vorzufinden. Wir jagten in die Richtung, aus der wir morgens gekommen waren, planschten durch Lachen und übersprangen die Kinderrinnsale, die sich beim Steigen der Tide vom Mutterpriel durch Ritzen davonstahlen. Unsere Beobachtungen abgeschlossen, gingen wir zurück, machten einen weiten Bogen über erhöhten Boden, um der angreifenden Flut auszuweichen, und wateten das letzte Stück zur Yacht durch knietiefes Wasser.

Als ich dankbar an Bord kletterte, schien mir, ich höre eine ferne schleppende Stimme, die mißbilligend sagte, segeln halte einen nicht genug in Bewegung. Es war meine Stimme, Jahrhunderte zurück, in einem anderen Leben.

Von Osten und Westen her hatten sich zwei Wasserflächen über die Wüste geschoben, jede streckte Brandungszungen aus, die sich trafen und vereinigten.

Ich wartete an Deck und beobachtete den Todeskampf der erstickenden Sände unter dem erbarmungslosen Ansturm der See. Die letzen Bollwerke wurden zerschmettert, gestürmt und überwältigt; der Aufruhr der Geräusche ließ nach und festigte sich, die See fegte siegreich über die ganze Weite. Die Dulcibella, bis jetzt verächtlich träge, begann unter den Püffen, die sie erhielt, zu erwachen und zu beben. Dann ruckte sie mit einiger Mühe ins Gleichgewicht und bumste und strengte sich gereizt voller Ungeduld an, diesen frechen Eindringling zu überwältigen und ihn sich zum Sklaven zu machen. Bald spannte sich ihre Warpleine, und ihre Nase schwang langsam herum; nur ihr Heck bumste noch, mit abnehmender Kraft. Plötzlich war sie frei und trieb breitseitig mit dem Wind ab, bis der Anker sie zügelte und in Lee von ihm brachte, wo sie sich leicht und triumphierend wiegte. Gutmütige kleine Person! In ihrem Herzen war sie gleicherweise mit Sand und See befreundet. Nur wenn ihre alte und ihre neue Liebe den tödlichen Kampf um ihre Gunst aufnahmen und sie in diesem Spektakel roh behandelt wurde, erhob sich ihr Temperament aufrührerisch.

Wir kippten eine Tasse Tee, hißten die Segel und fuhren weiter nach Westen. Als wir die „Wasserscheide" überwunden hatten, trafen wir auf eine starke Strömung, aber die Fahrtrichtung lag jetzt mehr bei Nordwest, so daß wir unseren Kurs ohne Kreuzen halten und folglich gegen die Tide ankämpfen konnten. „Gib ihr mal einen Fuß Schwert", sagte Davies. „Wir kennen den Weg hier, und sie wird dadurch weniger stark abgetrieben; aber im allgemeinen werden wir ohne Schwert auskommen müssen – bei ablaufender Tide sogar immer. Wer aufläuft, wenn das Schwert unten ist, verdient abzusaufen." Ich erkannte jetzt, wie wertvoll unser Spaziergang gewesen war. Die Pricken standen rechts von uns, aber sie waren nur schwankendes Rohr, gaben keinerlei Hinweis auf die Breite des Priels. Einige hatten ihre Spitze verloren und wurden vom steigenden Wasser verschlungen. Als wir an die Stelle kamen, wo sie aufhörten und das trügerische Haff lag, hätte ich mir äußerst verloren vorkommen sollen. Wir hatten die hohen und relativ ebenen Bänke überquert, die den Rücken der Gabel bilden, und fuhren jetzt in das Labyrinth alleinstehender Bänke, die die trichterförmige Höhlung zwischen oberer und mittlerer Zinke versperren. Das wußte ich aus der Seekarte. Mein unbewaffnetes Auge sah nichts als die offene See, die bei zunehmender Tiefe dunkelgrün wurde – eine störrische, drohende See, die ihre weißen Hauer zeigte. Die Wellen wurden länger und steiler, denn die Priele, obwohl immer noch gekrümmt, begannen sich zu vertiefen und zu verbreitern.

Davies hatte seine Peilungen und hielt sich zuversichtlich an seinen Kurs. „Jetzt ans Lot", sagte er, „der Kompaß wird uns bald nicht mehr viel helfen. Wir müssen die Kante der Sände abtasten, bis wir an neue Pricken kommen."

„Wo werden wir über Nacht vor Anker gehen?" fragte ich.

„Unter dem Hohenhörnsand", sagte Davies, „um der alten Sache willen!"

Es dämmerte. Die Küstenlinie des Landes Hannover, nie sehr deutlich, war ganz verschwunden. Eine unheilvolle schwere Dünung unterlief den kurzen Seegang. Ich hörte nicht mehr auf Davies' Mitteilungen über sein geliebtes Hobby, sondern versuchte mit schwerer körperlicher Arbeit die Furcht zu ersticken; den ganzen Tag über hatte die Aussicht auf ein erstes Ankern auf See sie in mir wachgehalten.

„Lote jetzt wie der Teufel!" sagte er schließlich. Ich kam auf eineinhalb Faden. „Das ist die Bank", sagte er. „Wir gehen ihr etwas aus dem Wege und lassen dann fallen."

„Laß fallen!" hieß der Befehl nach einer Minute, und die Kette lief mit einem langgezogenen Stöhnen aus. Die Dulcibella wurde von ihr festgehalten und stellte sich keck der Nordsee und der hereinbrechenden Nacht.

„Das wär's!" sagte Davies, als wir das Großsegel geborgen hatten. „Sicher und gemütlich bei vier Faden Wassertiefe in einem herrlichen Sandhafen, keiner da, der uns belästigt, ganz für uns allein. Keine Gebühren, kein Gestank, kein Verkehr, keine Sorgen irgendwelcher Art. Es ist sogar noch besser als eine Ostseebucht, weniger scheußliche Zivilisation in dieser Gegend. Wir sind sieben Meilen von der nächsten Küste entfernt und noch fünf von Neuwerk – schau mal, sie machen den Leuchtturm an."

Im Osten war ein winziger Punkt zu sehen.

„Ich nehme an, es ist alles in Ordnung“, sagte ich, „aber ich sähe lieber eine feste Mole irgendwo; die Nacht sieht böse aus, und die Dünung gefällt mir auch nicht.“

„Die Dünung ist nichts“, sagte Davies, „sie ist nur ein streunender Ablauf von draußen. Und was Molen angeht, du hast sie hier rundum, nur sind sie verborgen. Voraus und steuerbords ist Westhohenhörnsand, der sich genau wie eine Steinpier nach Südwesten krümmt. Du kannst hören, wie im Norden die Brandung gegen seine Außenseite schlägt. Dort habe ich damals fast Schiffbruch erlitten, und der kleine Priel, in den ich gestolpert bin, muß hier irgendwo in der Nähe sein. Eine halbe Meile entfernt – dort, backbords – liegt Osthohenhörn, wo ich aufgelaufen bin, nachdem ich dieses Wasserloch hier durchrast habe. Eine Meile achteraus liegt der Hauptteil der Sände, die oberste Zinke deiner Gabel. Du siehst also, wir sind eingeschlossen – praktisch.“

. . . Wir frühstückten schrecklich unbehaglich; dann rauchten und unterhielten wir uns, bis das Brüllen der Brecher abnahm. Beim ersten Auftauchen nackten Sandes fuhren wir unter Besan- und Vorsegel los, und ich lernte, wie man einen widerspenstigen Anker aus dem Boden freisegelt. Wir schwangen herum und jagten vor dem Wind nach Osten über das Gebiet, das wir am Vorabend überquert hatten, während eine Gruppe neuer Bänke sich langsam über den schnell schwächer werdenden Wellen erhob. Wir bewegten uns vorsichtig zwischen ihnen und um sie herum, loteten und beobachteten, drehten bei, wo der Platz es gestattete, und benutzten manchmal das Dingi. Ich begann zu erkennen, wo die Risiken bei dieser Art von Navigation lagen. Wo immer die Meeresdünung hereindrang oder der Wind einen langen, tiefen Priel hinunterwehte, mußten wir sehr vorsichtig sein und uns genügend Spielraum lassen. „Dies sind die Stellen, an denen man nicht auflaufen darf“, pflegte Davies zu sagen.

Am Ende überquerten wir wieder den Steilsand, aber auf einer anderen Route; wir ankerten nach einem mühseligen Tag in einem Einschnitt an seinem östlichen Rand eben außerhalb der Dünung, die von der unruhigen Elbemündung heranrollte. Die Nacht war klar, und als die Tide zurückging, lagen wir vollkommen ruhig; der Wind schickte nur ein leichtes Wellenkräuseln gegen unsere Seiten. ▬

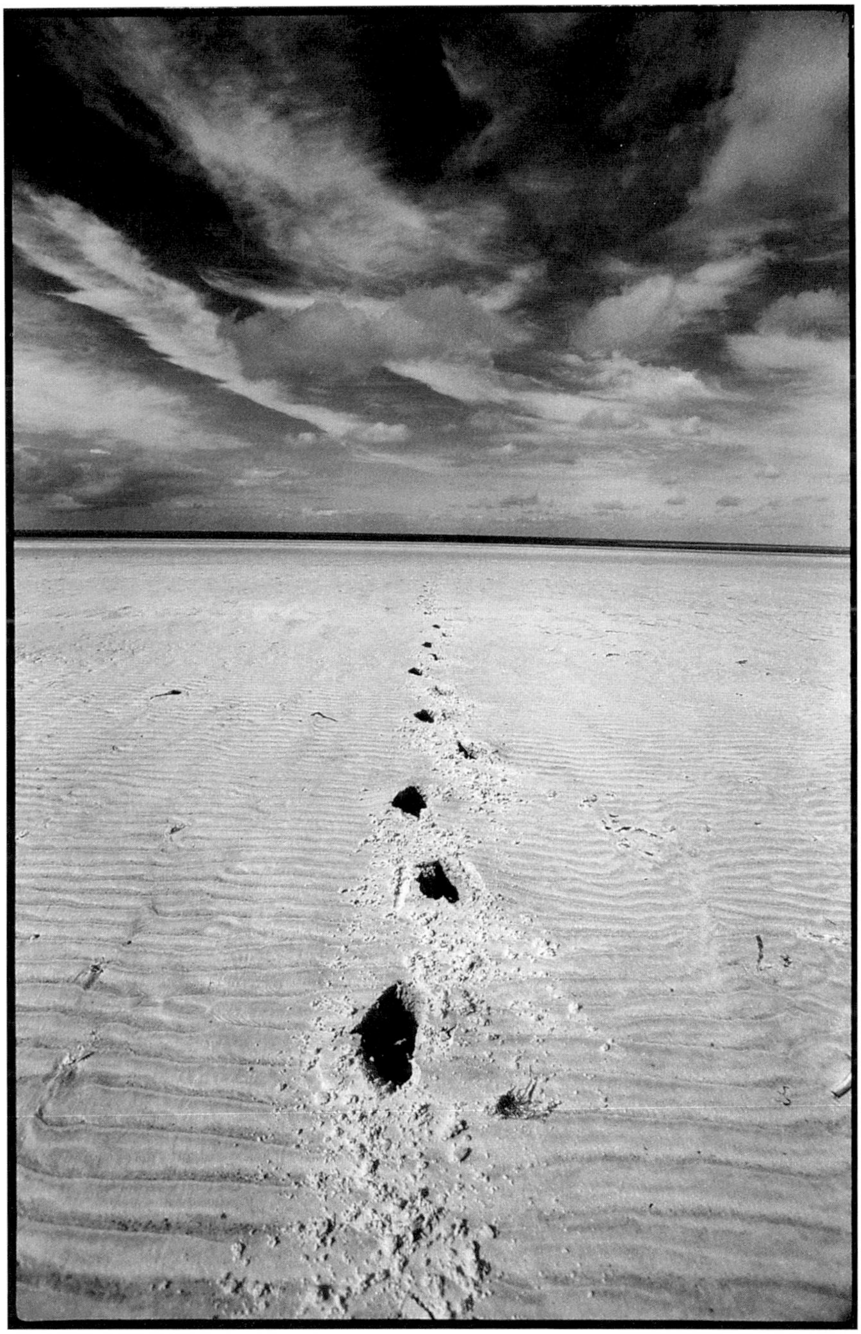

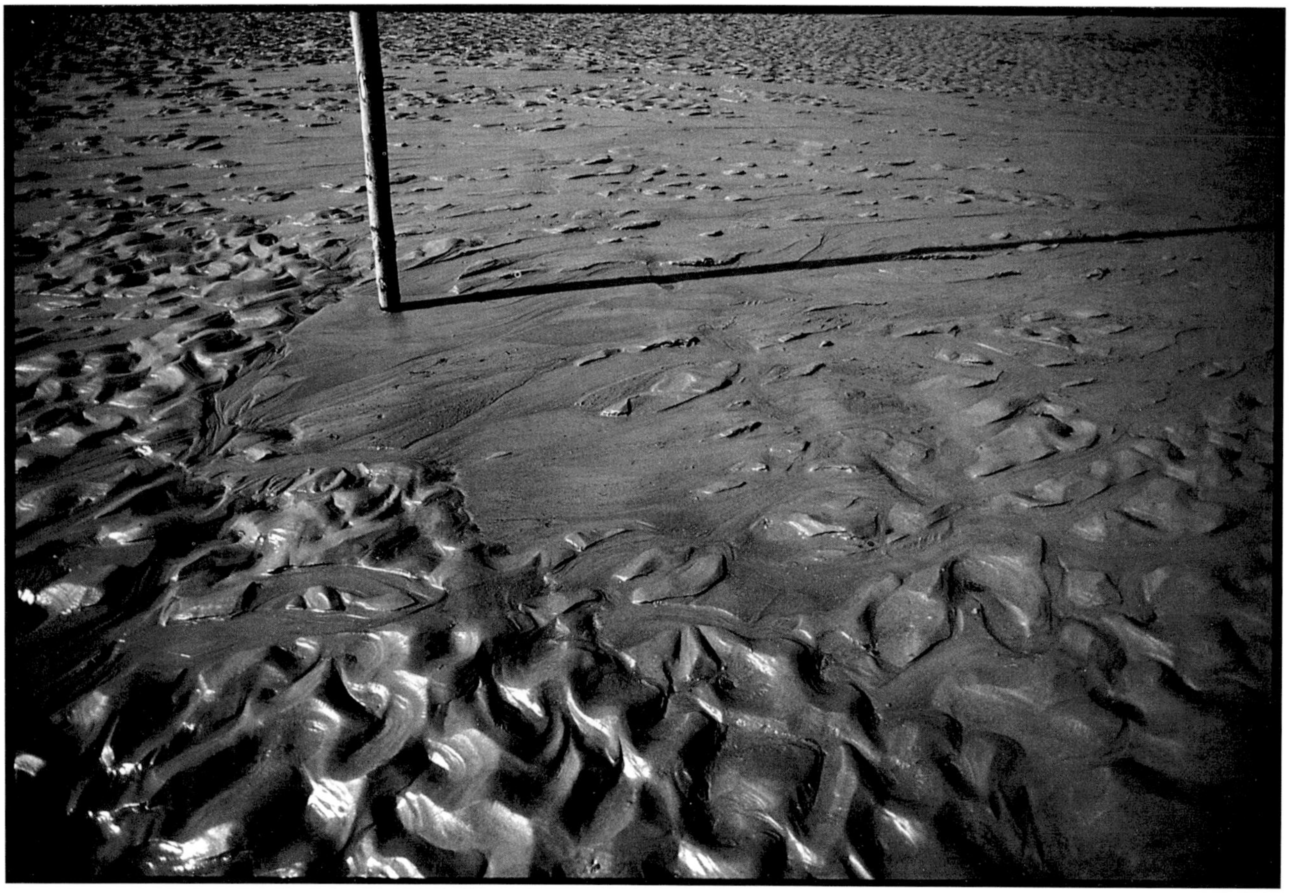

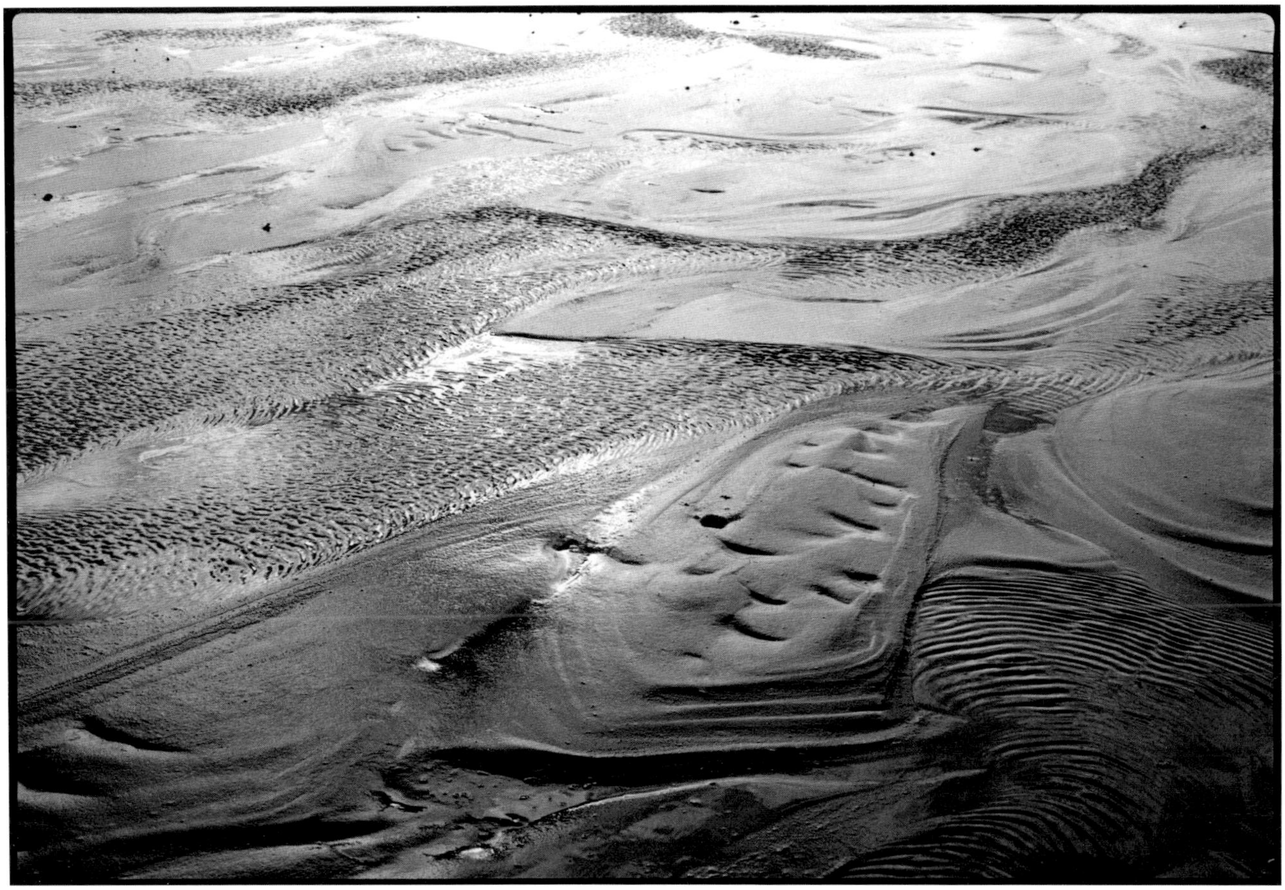

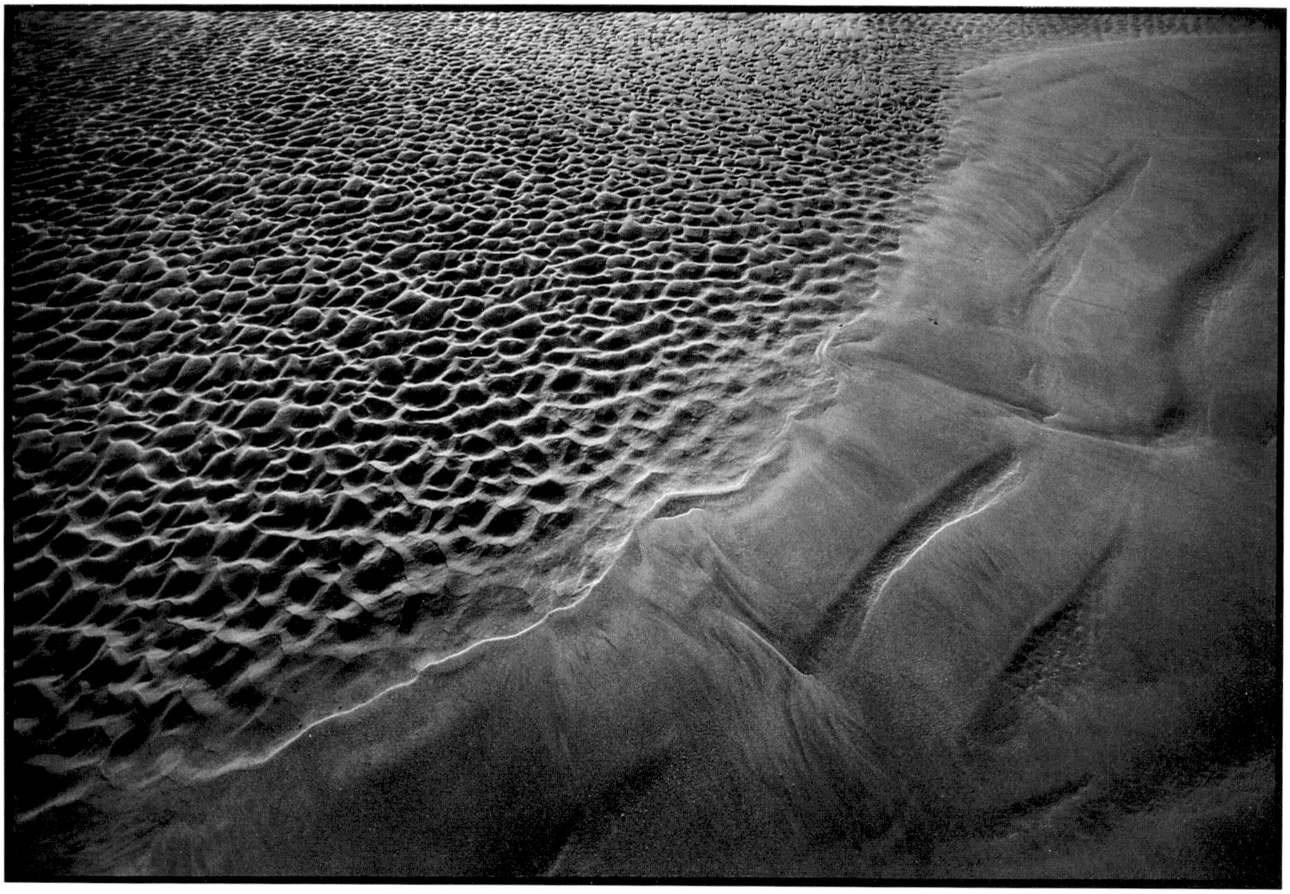

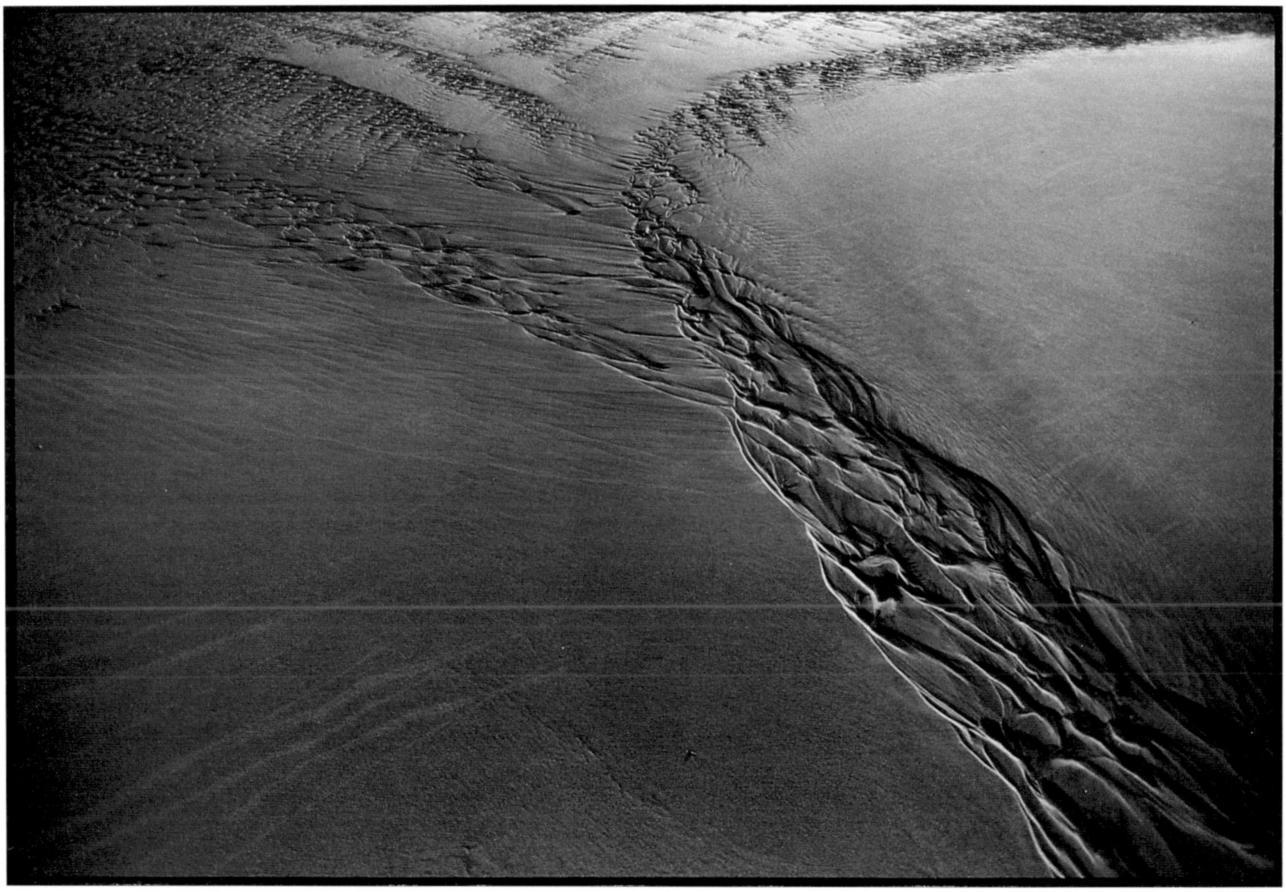

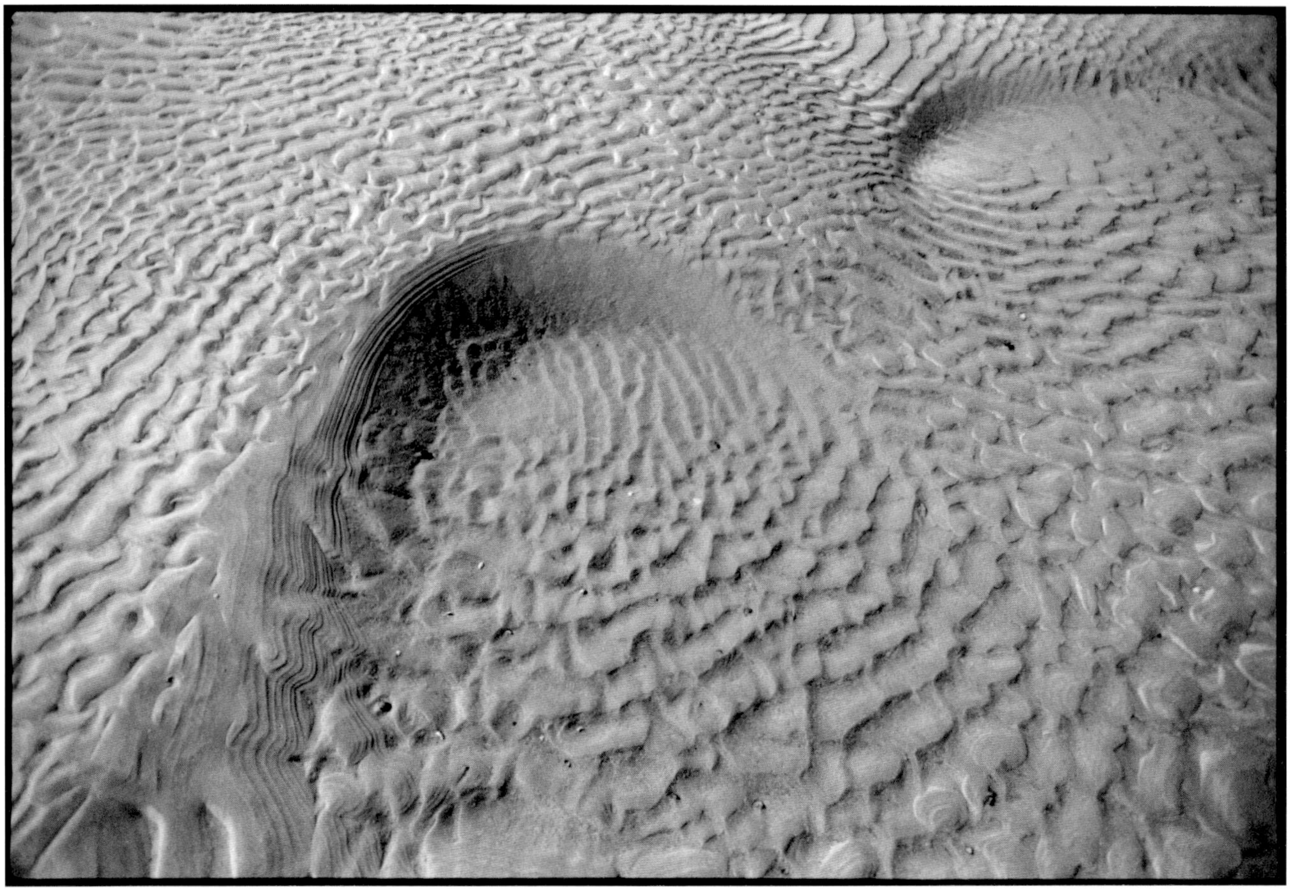

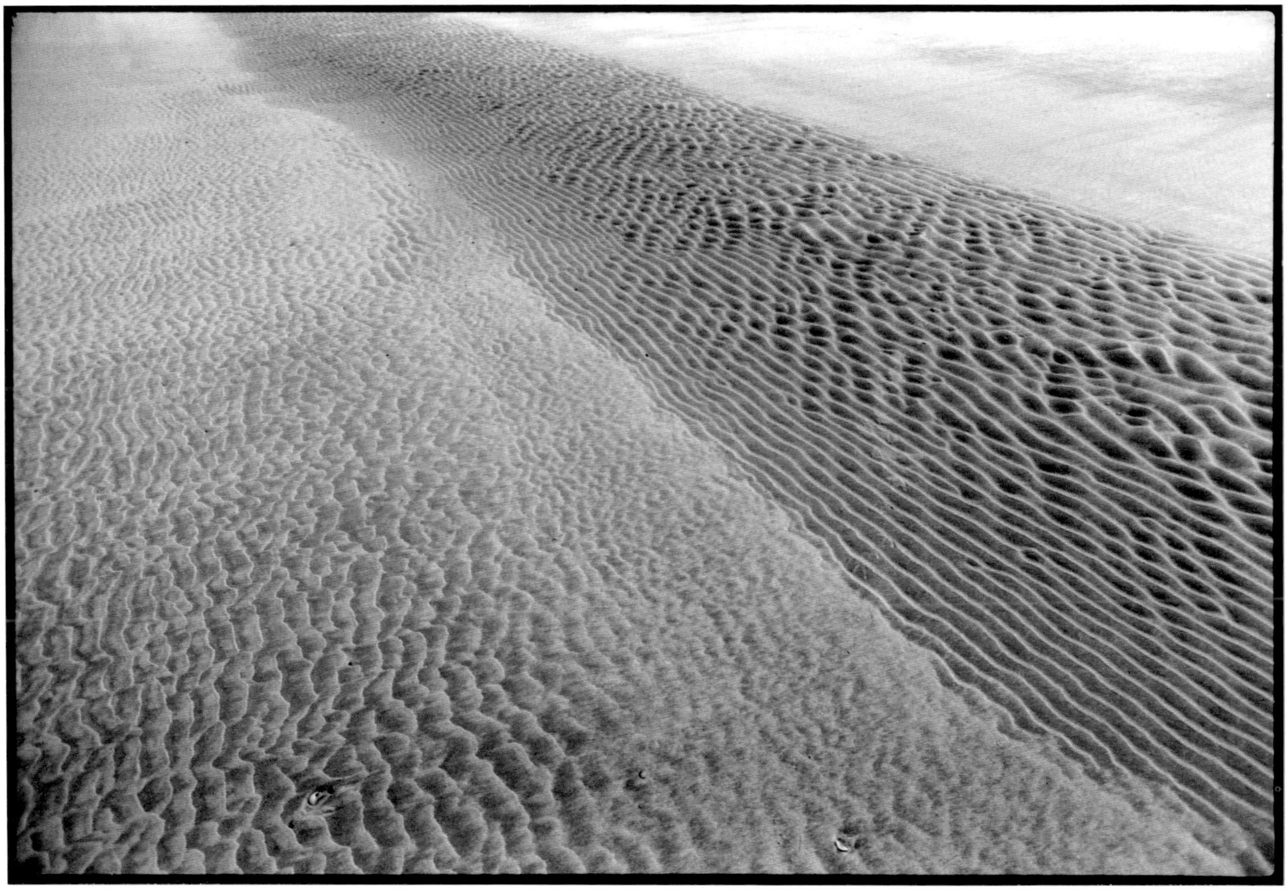

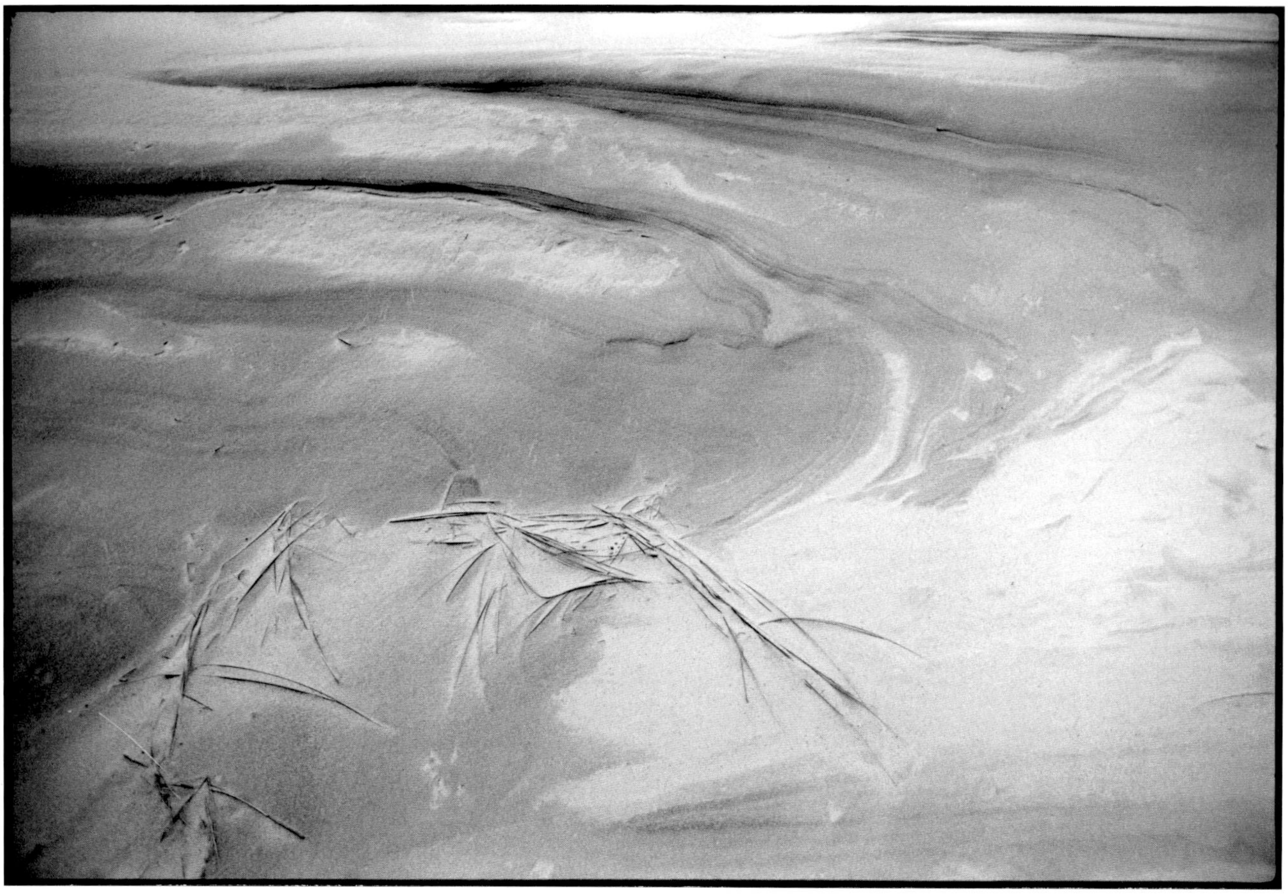

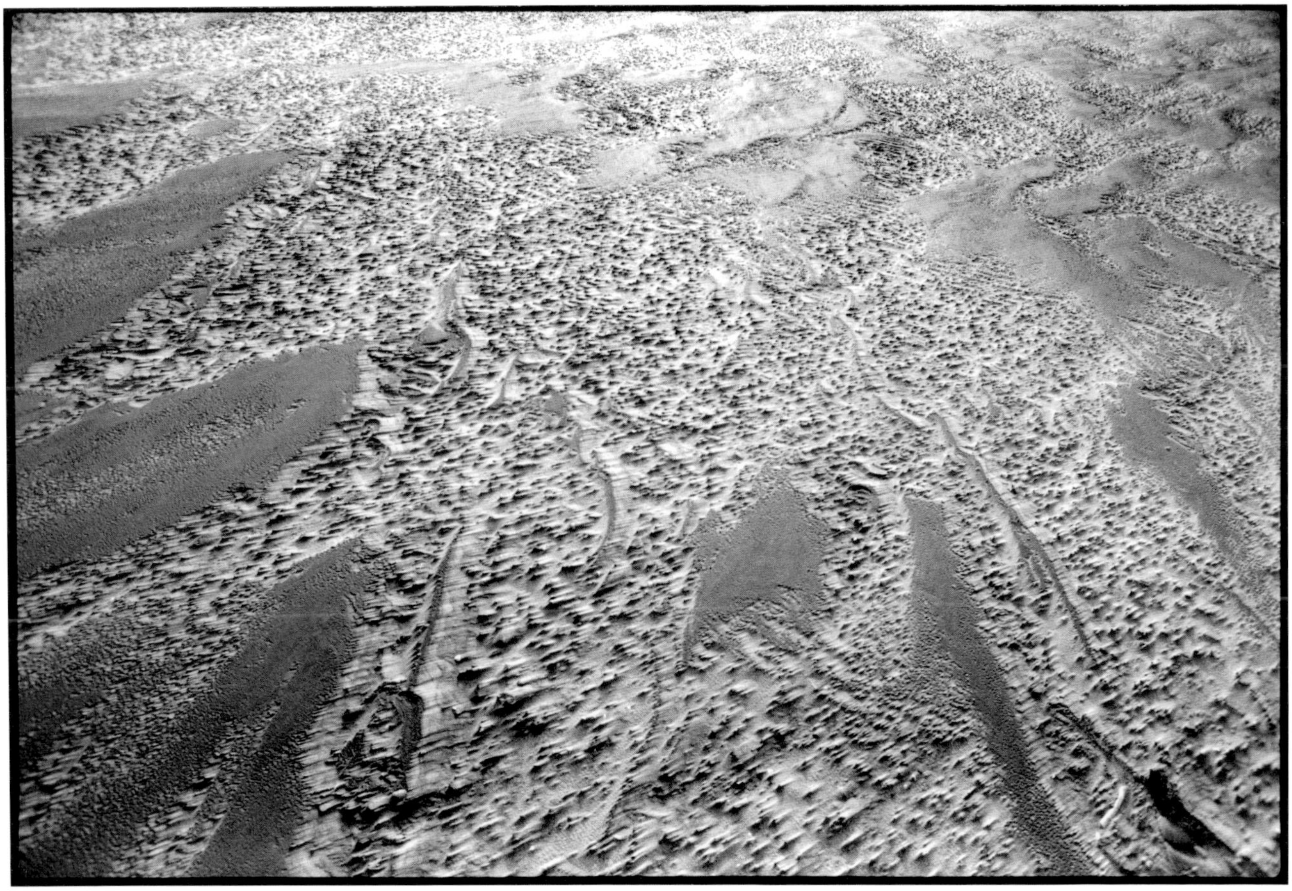

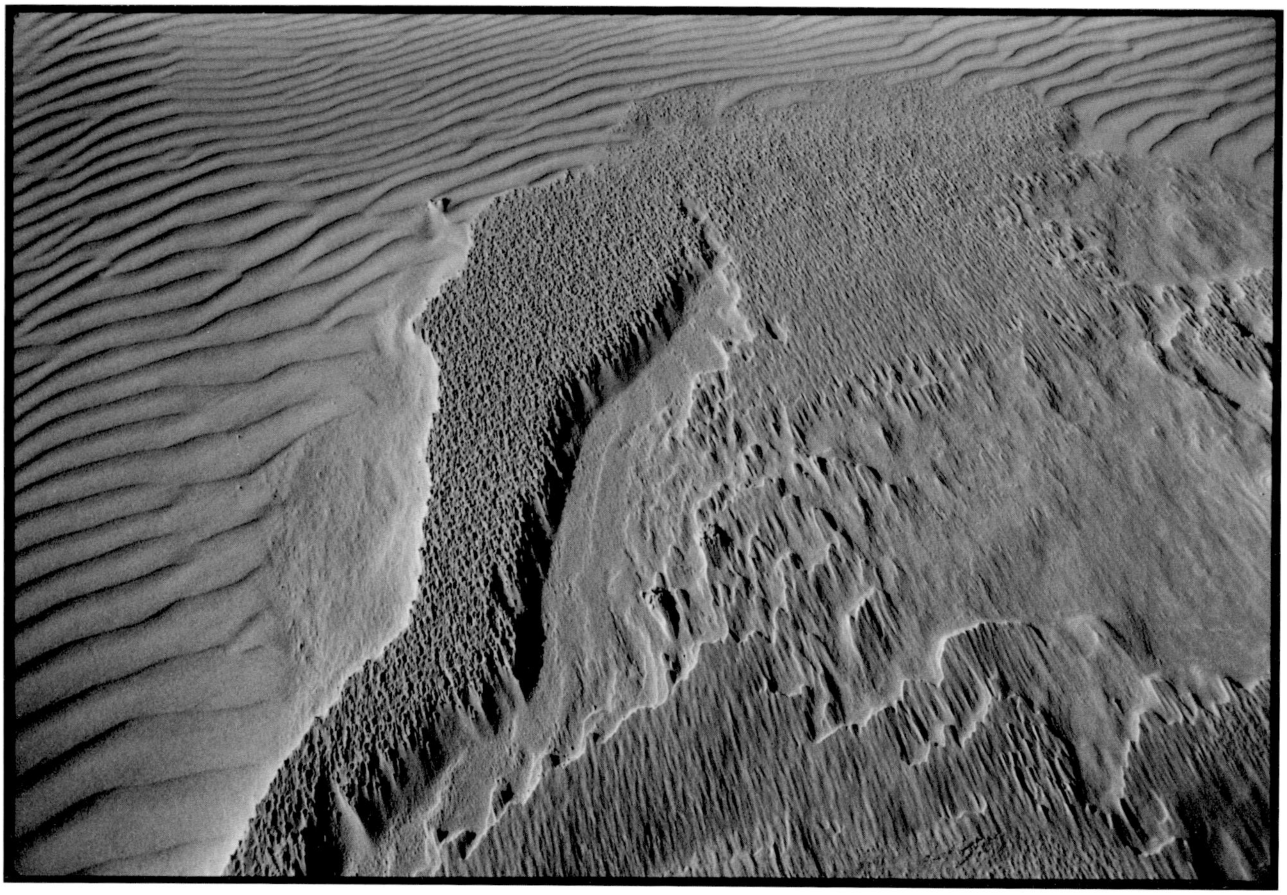

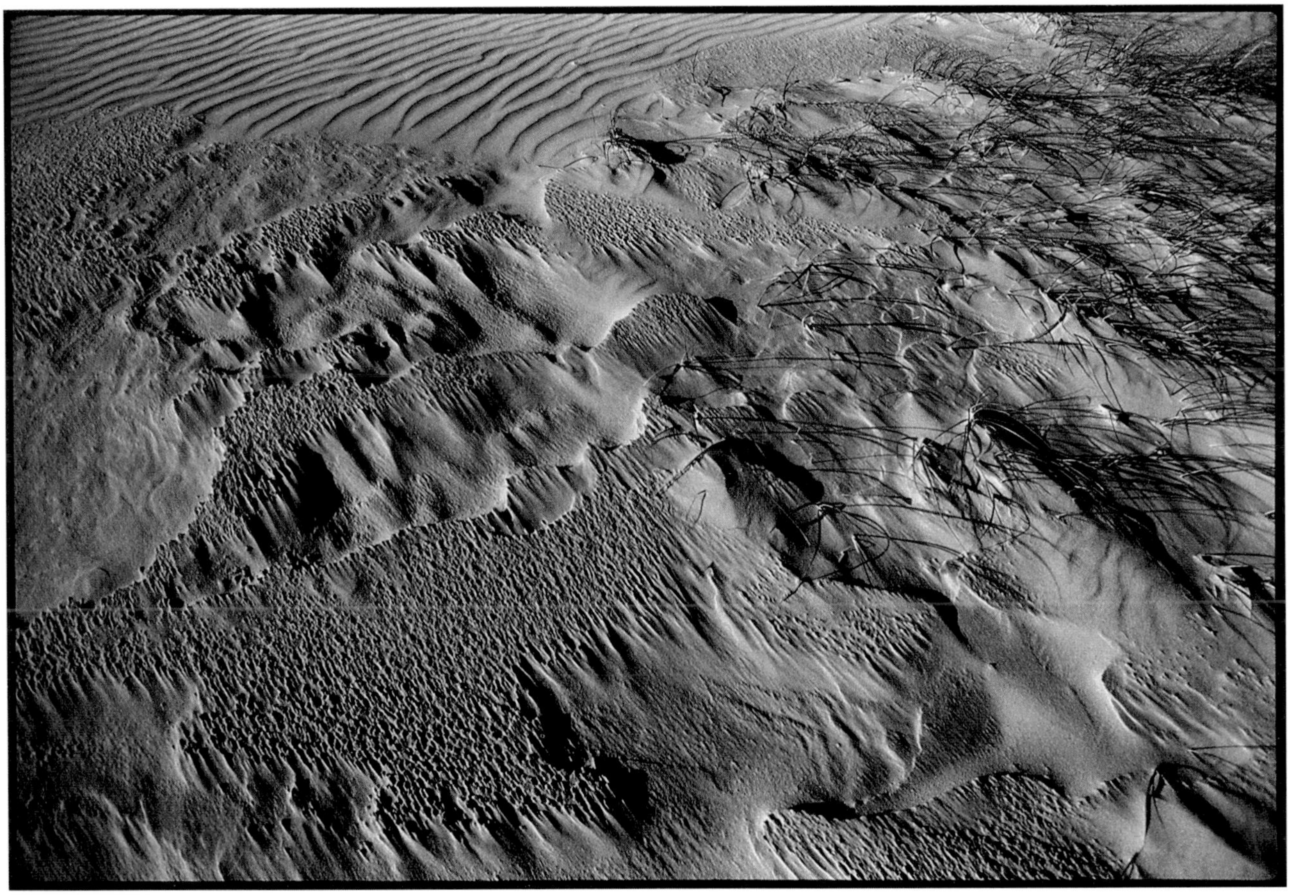

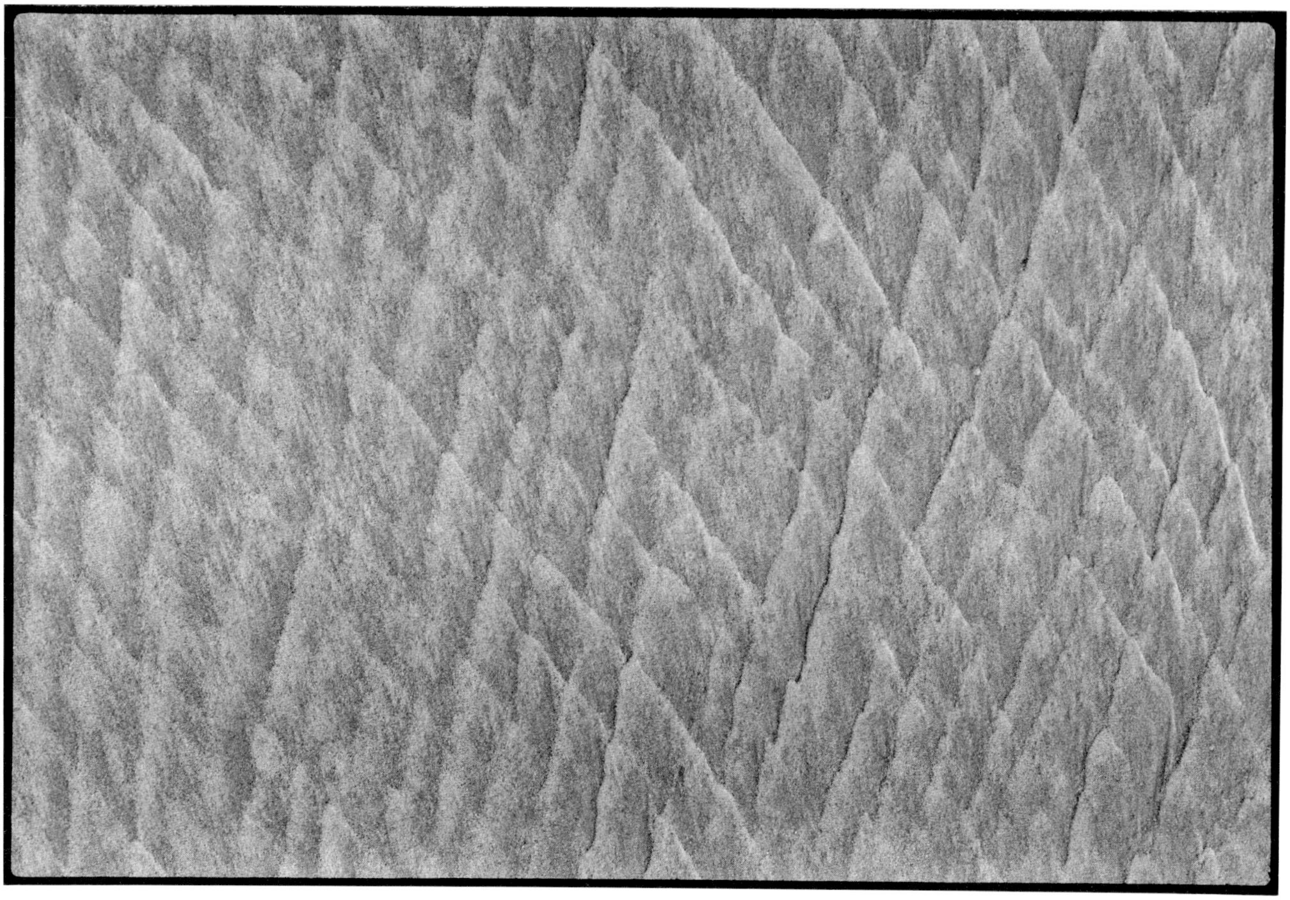

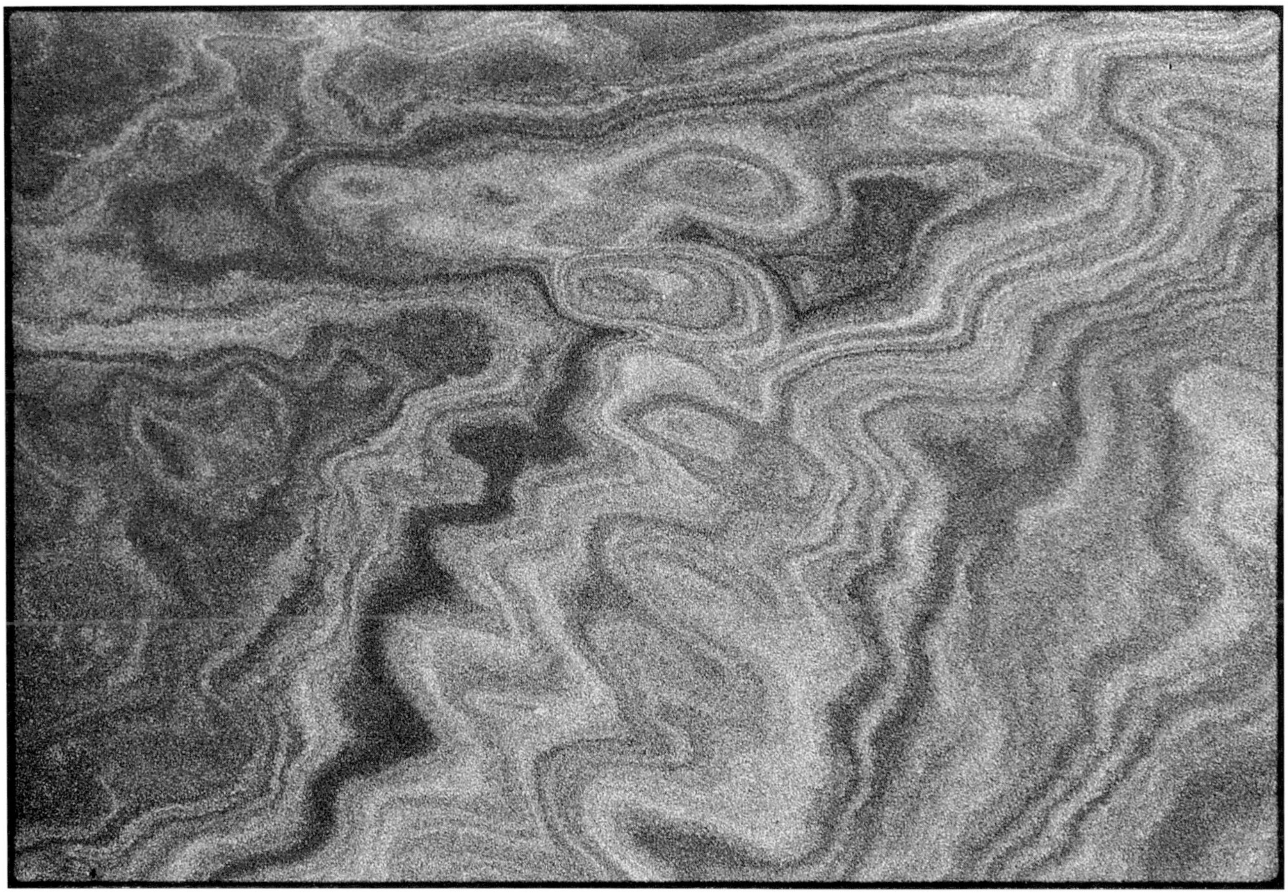

Eine niedrige Linie von Sanddünen, rosig und hellbraun in der untergehenden Sonne, am einen Ende ein kleines weißes Dorf, eng um einen wuchtigen Leuchtturm geschart – das war Wangerooge, die östlichste der Ostfriesischen Inseln, wie ich sie am Abend des 15. Oktober erblickte. Wir hatten beschlossen, sie zu unserem ersten Landeplatz zu machen. Da sie keinen Hafen besaß und bei Niedrigwasser von einem meilenbreiten Sandgürtel umgeben war, hatten wir sie bei steigender Tide angelaufen, bis wir festsaßen, um uns soviel Arbeit wie möglich zu ersparen beim Hin- und Hertragen der schweren Wasserfäßchen und Ölkanister, die wir auffüllen mußten. Drei Meilen südlich von uns waren in schwachen Umrissen die flachen Ebenen Ostfrieslands zu erkennen, unterbrochen nur von einigen Bäumen, ein oder zwei Windmühlen und einem Kirchturm. Dazwischen begann die seichte Weite der See sich in Haffs zurückzuziehen, von denen das größte die enge Wasserstraße war, auf der wir uns von Osten her genähert hatten. Diese setzte ihren Lauf parallel zur Insel nach Westen fort, und in ihr lagen etwa eine halbe Meile von uns entfernt drei Galeoten vor Anker.

. . . Sieben Inseln liegen vor der Küste. Außer dem rundlichen Borkum sind es alles dünne Streifen, fast halbmondförmig, kaum breiter als eine Meile, an den Enden sich verjüngend; die durchschnittliche Länge beträgt etwa sechs Meilen, von Norderney und Juist mit sieben beziehungsweise neun bis zum kleinen Baltrum, das nur zweieinhalb Meilen lang ist.

Von den untiefen Bereichen zwischen ihnen und dem Festland liegen bei Niedrigwasser zwei Drittel trocken, das restliche Drittel wird zu einem System von Haffs. Ihre Verteilung hängt von der natürlichen Strömung der Nordsee ab, die sich ihren Weg zwischen den Inseln bahnt. Jeder dieser Zwischenräume gleicht einem Flußstrich und wird von gefährlichen Bänken versperrt, über die sich bei jeder auflaufenden Tide die See ergießt und tiefe Tümpel aushebt. Diese erweitern und verzweigen sich nach Ost und West, wenn die eingeschlossene Strömung sich befreit, die Inseln umgibt und sich über die dazwischenliegenden Sandbänke ausbreitet. Aber je weiter sie vordringt, desto geringer wird ihre Schwemmkraft; das Ergebnis ist, daß keine Insel ganz von einem Niedrigwasserpriel umgeben wird. Etwa in Höhe der Inselmitte liegt hinter jeder eine „Wasserscheide", die nur fünf oder sechs Stunden während der zwölfstündigen Tide bedeckt ist. Ein Boot, selbst mit leichtestem Tiefgang, das hinter den Inseln fährt, muß den richtigen Moment abpassen, wenn es über diese Stelle hinwegkommen will. Was die Schiffbarkeit angeht, so faßt der Nordseelotse sie mit diesen trockenen Worten zusammen: „Die Priele, die diese Inseln und das Festland voneinander trennen, erlauben den kleineren Schiffen jener Gegend den Verkehr zwischen Ems und Jade." Die Inseln werden mit ein oder zwei Bemerkungen über Leuchtfeuer und Lichter abgetan.

Je eingehender ich die Karte betrachtete, desto verwirrter wurde ich. Die Inseln waren offenbar nur Sandbänke, mit einer Häusergruppe und einer Kirche darauf; der einzige Hinweis auf Leben in diesem trostlosen Gebiet bestand in dem gelegentlich auftauchenden Wort „Badestrand". Die Insel Norderney stach in dieser Hinsicht selbstverständlich besonders hervor; aber selbst ihre Stadt, die ich vom Hörensagen als fröhlichen und vornehmen Badeort kannte, war für einige Monate im Jahr tot und leer und ohne wirtschaftliche Bedeutung. Kein Mensch könnte an der Festlandküste etwas unternehmen – einer eintönigen Deichlinie, nur gelegentlich unterbrochen von einem winzigen Dorf. Müßig sah ich mir die Namen der Dörfer an und fand, daß die meisten mit „siel" endeten. Da gab es Carolinensiel, Bensersiel usw. Siel bedeutet entweder Abwasserkanal oder Deichschleuse; in diesem Fall das letztere, denn ich sah, daß jedes Dorf an der Mündung eines kleinen Flusses lag, der offensichtlich die Abwässer aus der Marsch mit sich führt. Eine Schleuse ist erforderlich, denn bei Flut liegt das Land unter dem Meeresspiegel. Als ich dann auf das Watt davor schaute, sah ich, daß es quer herüber und auf jede Mündung zu mit Reihen von Pricken markiert war, was hieß, daß es einen tidenabhängigen Zugang zu jedem Dorf gab, den offensichtlich die Strömung des kleinen Flusses geschaffen hatte. ▬

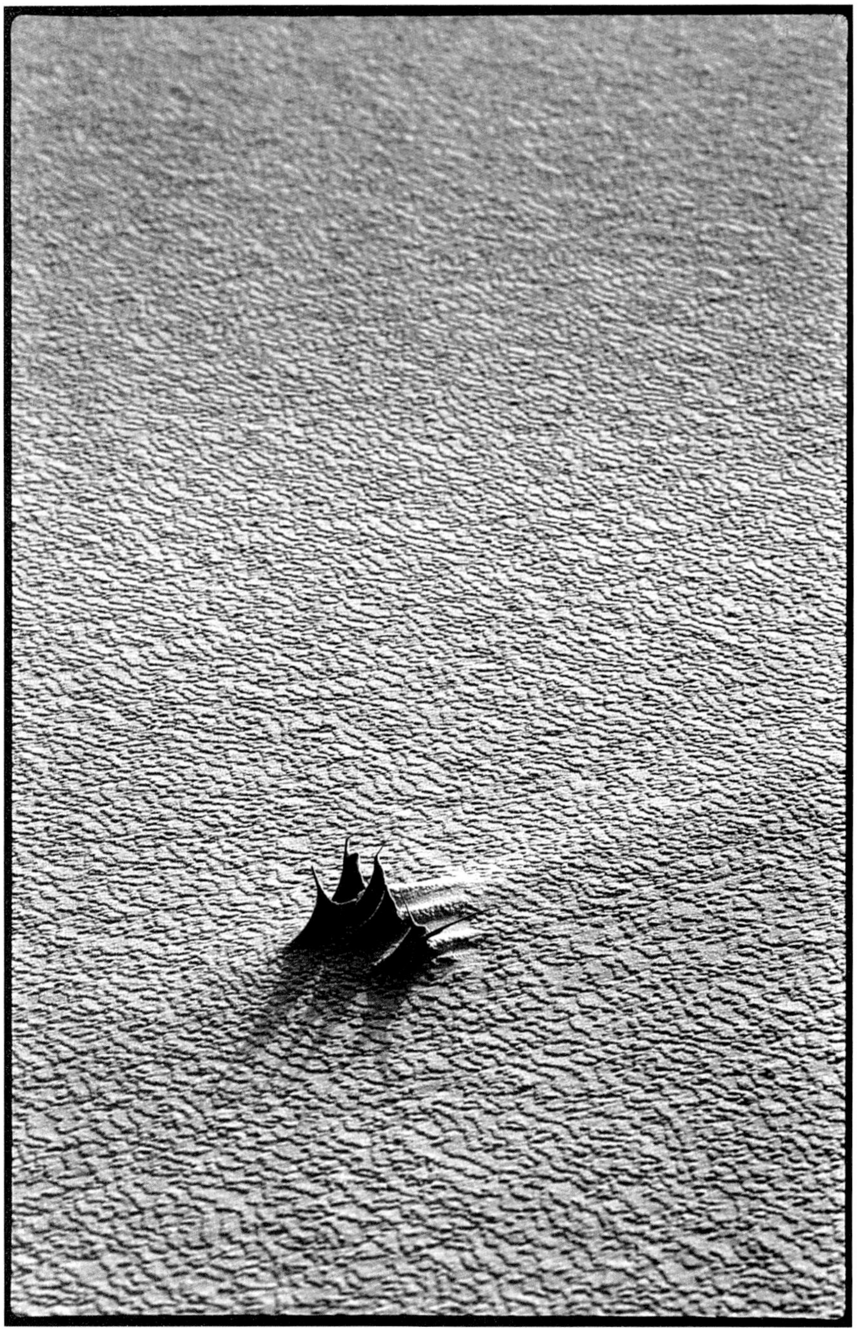

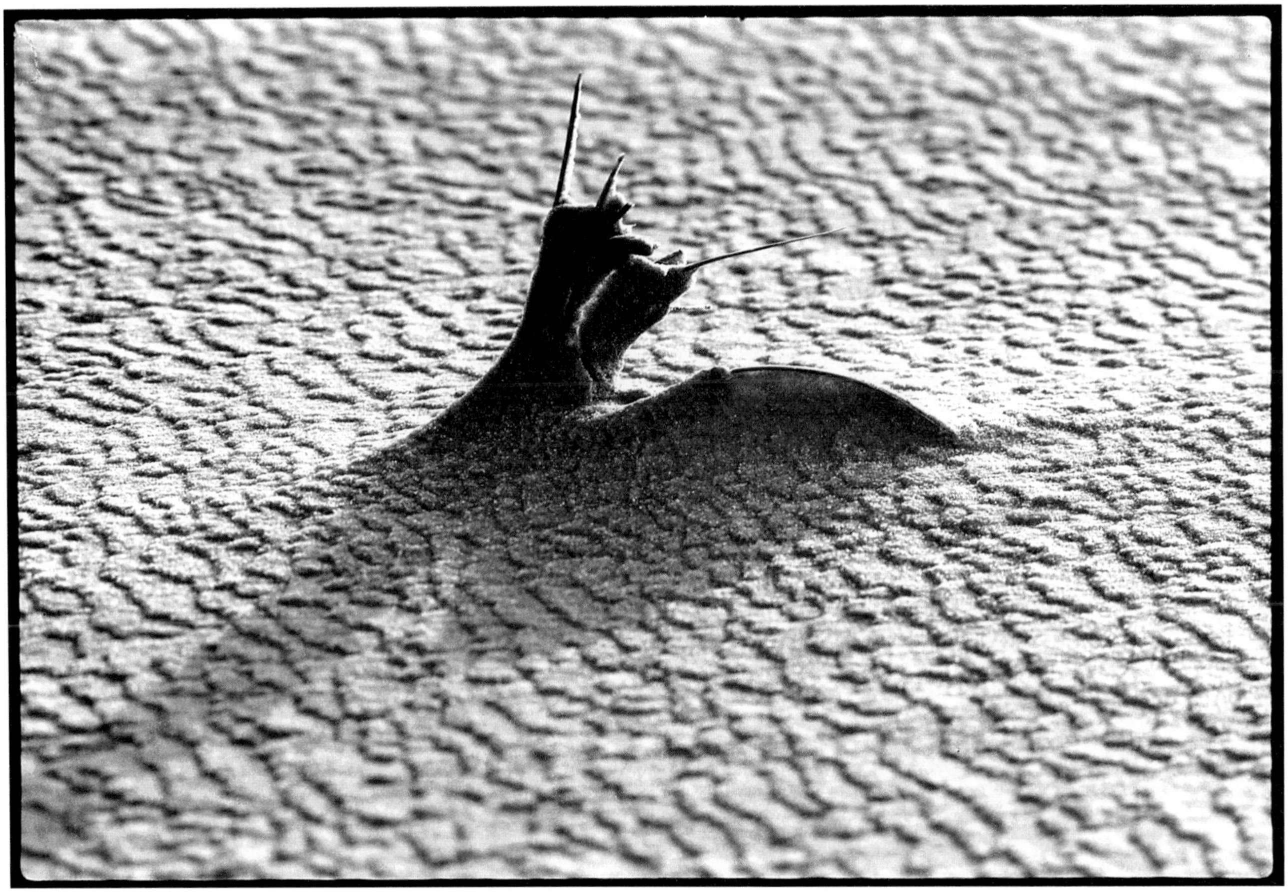

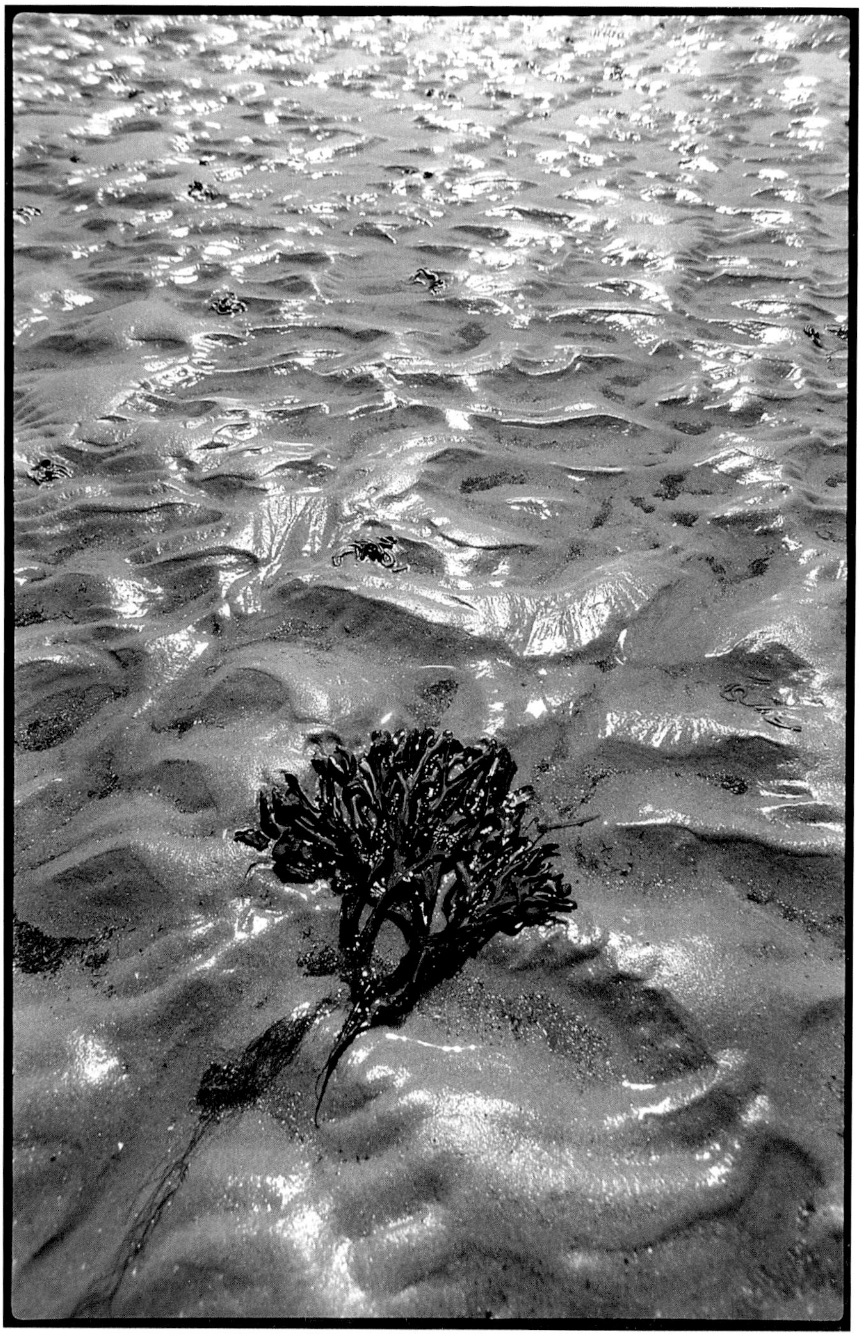

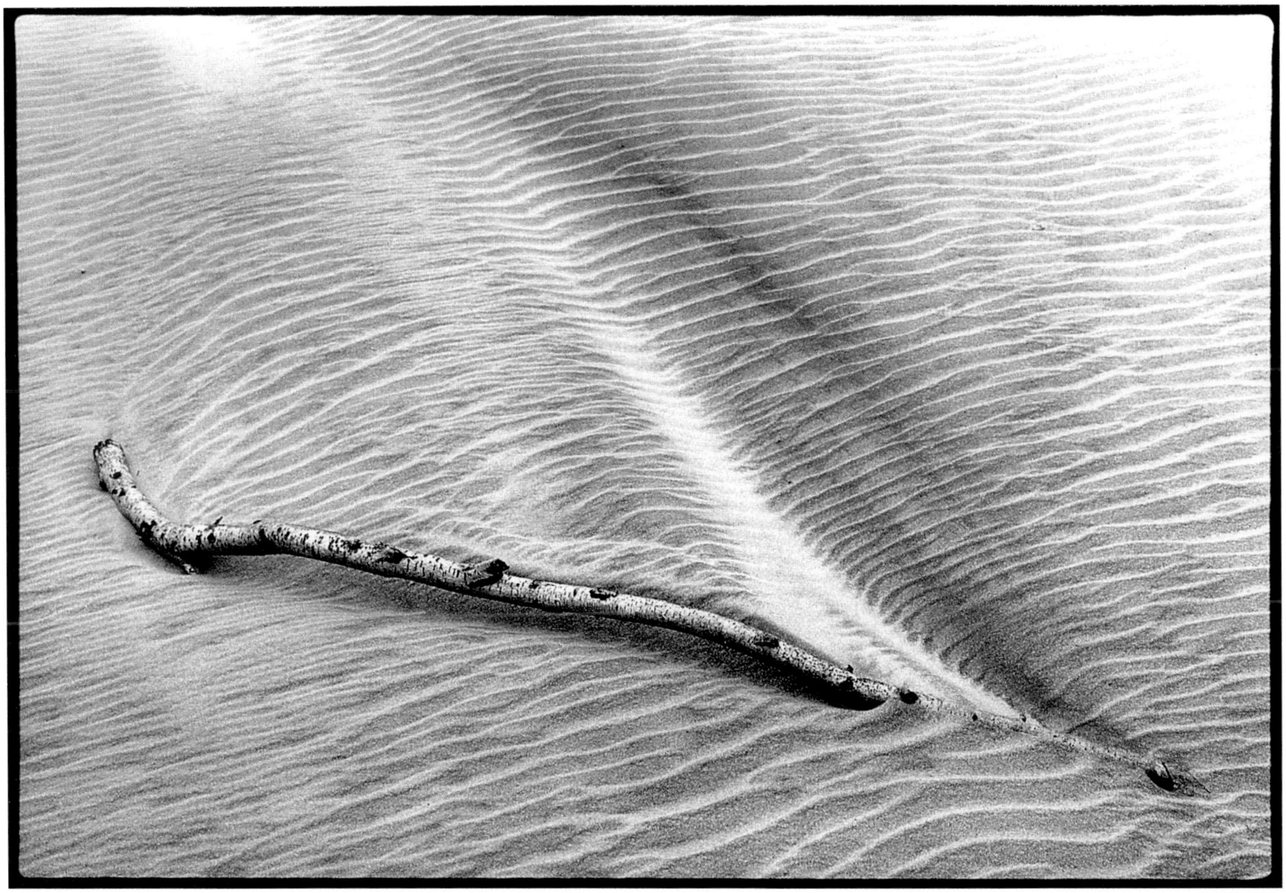

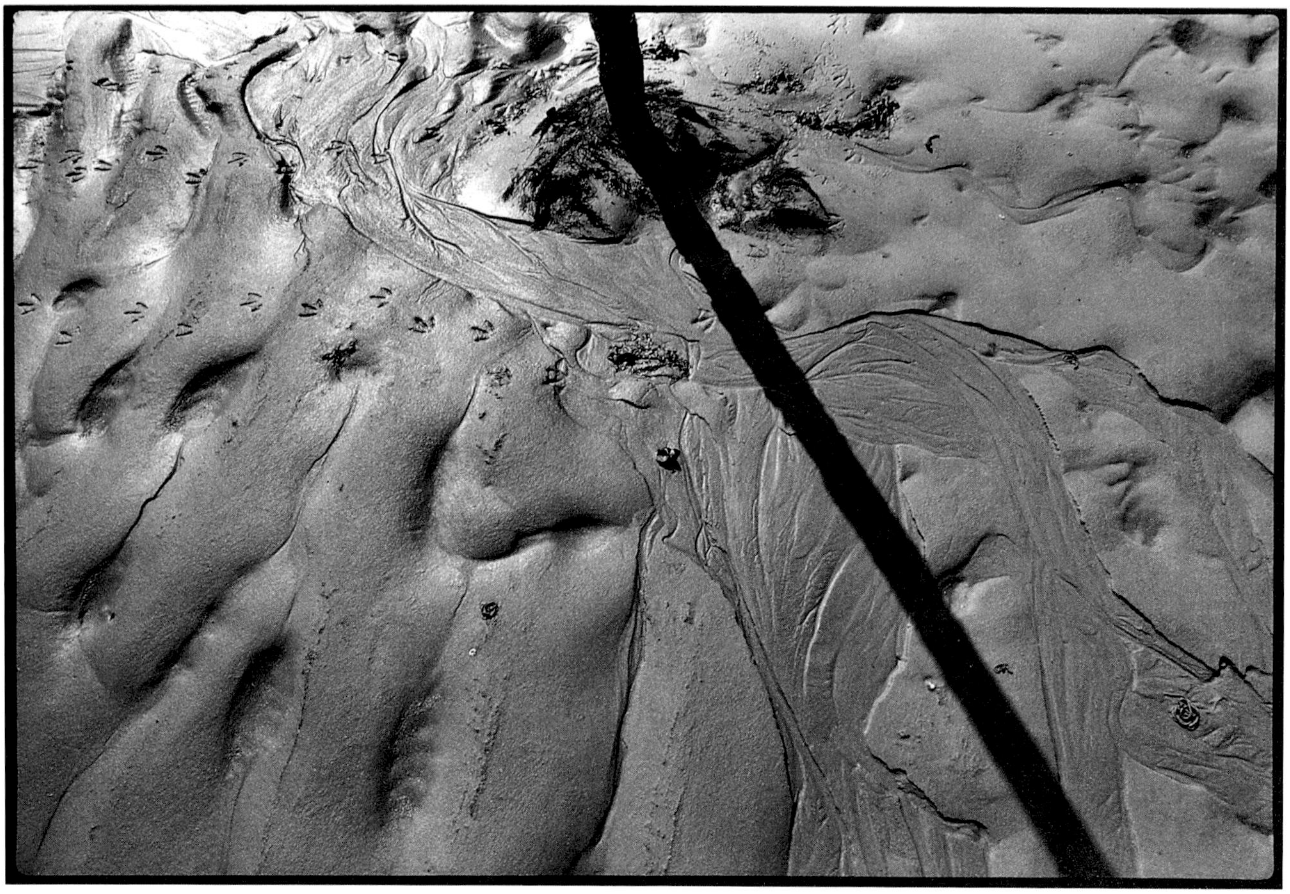

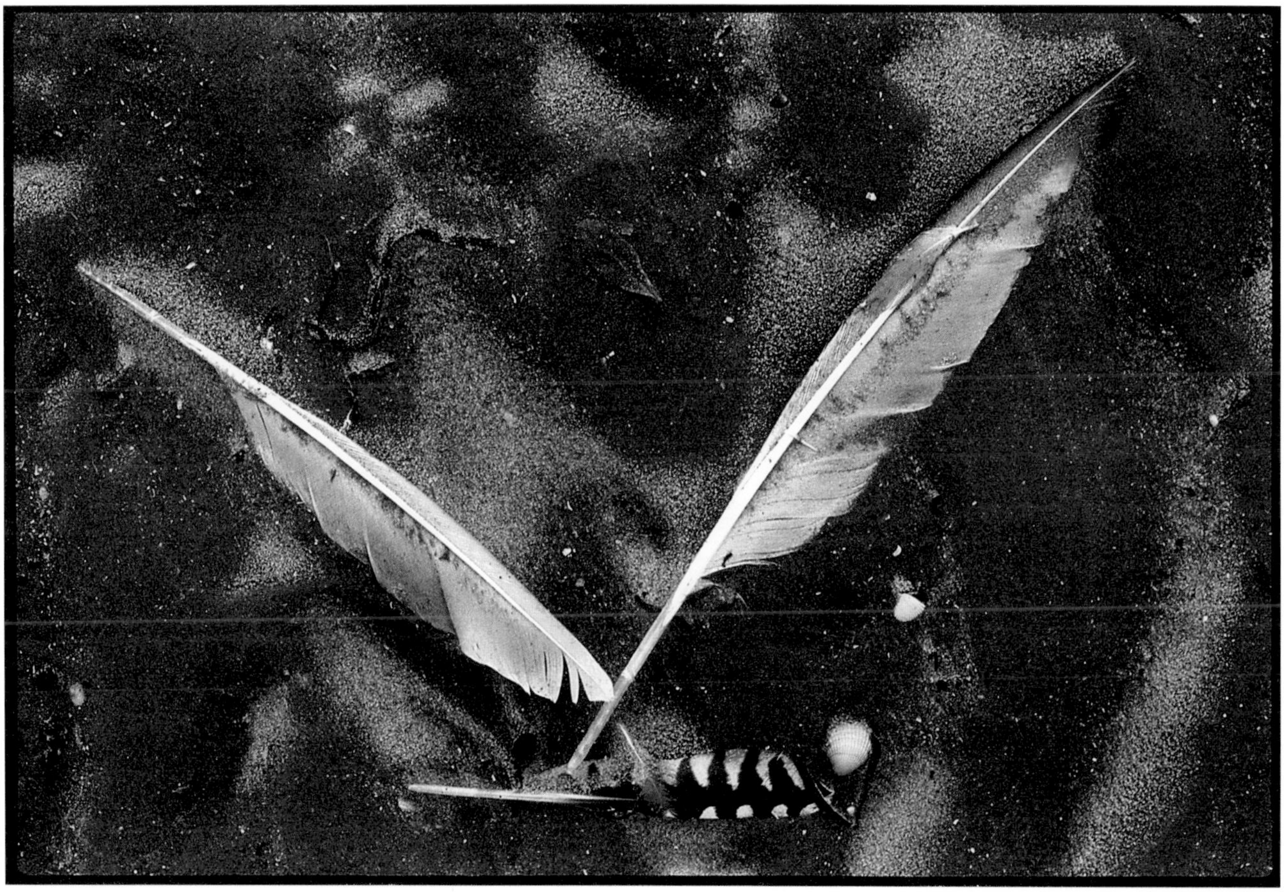

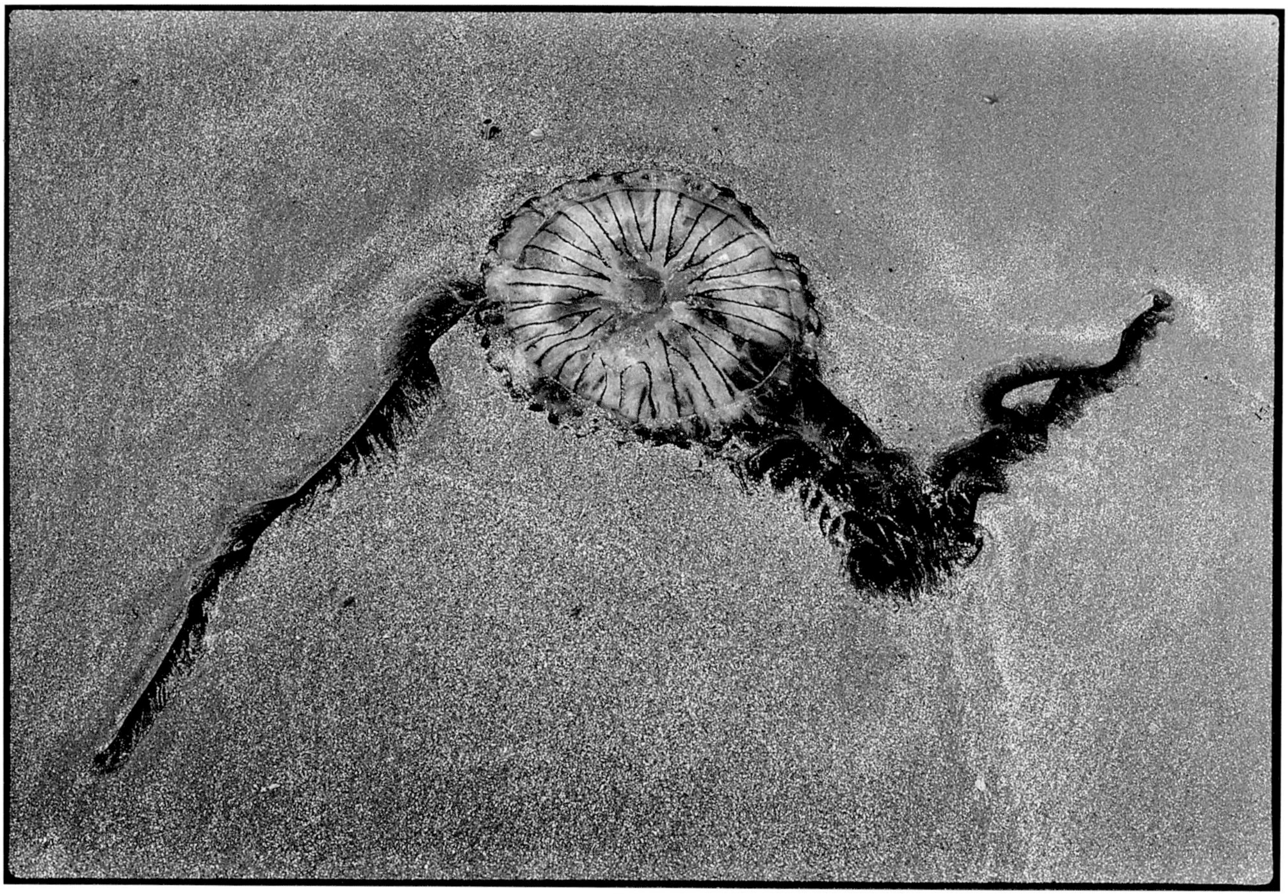

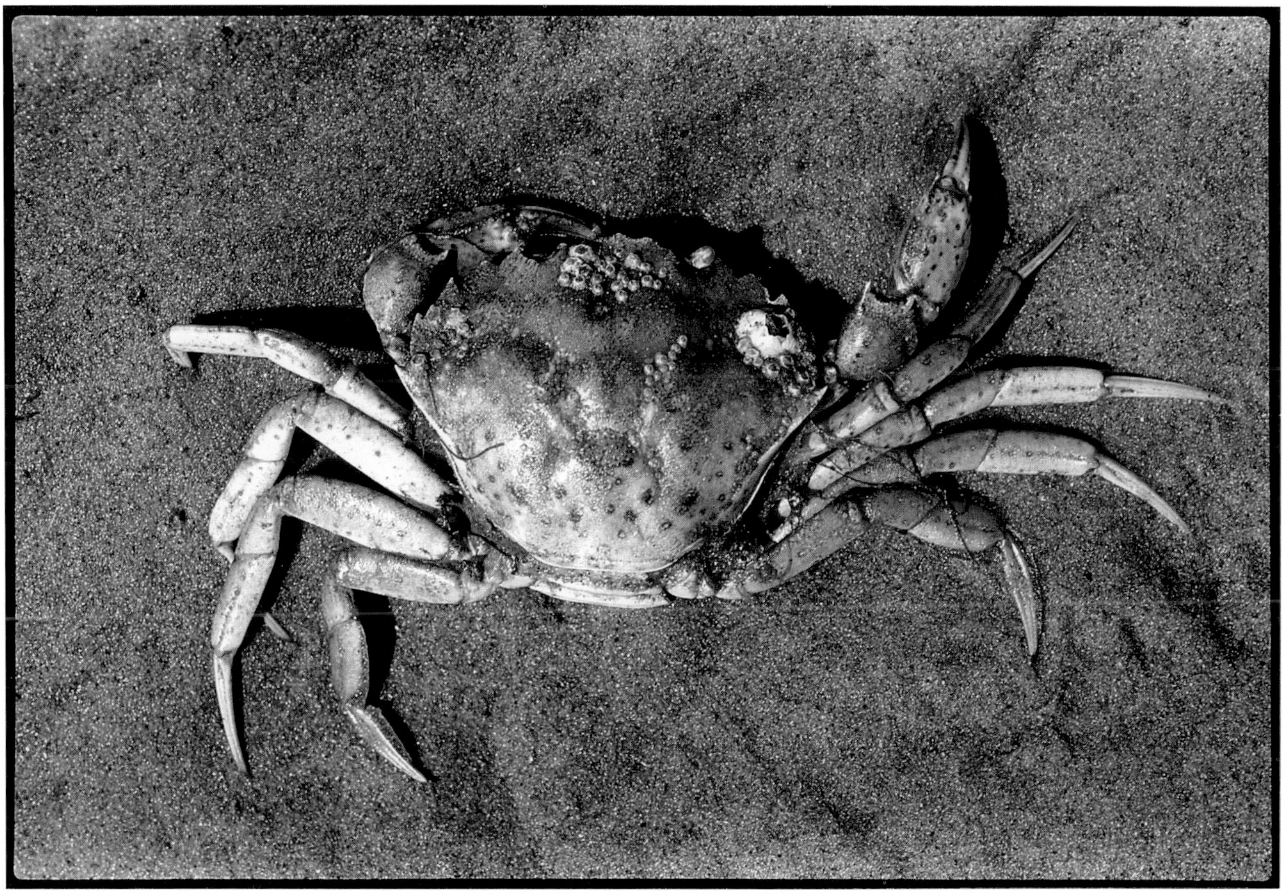

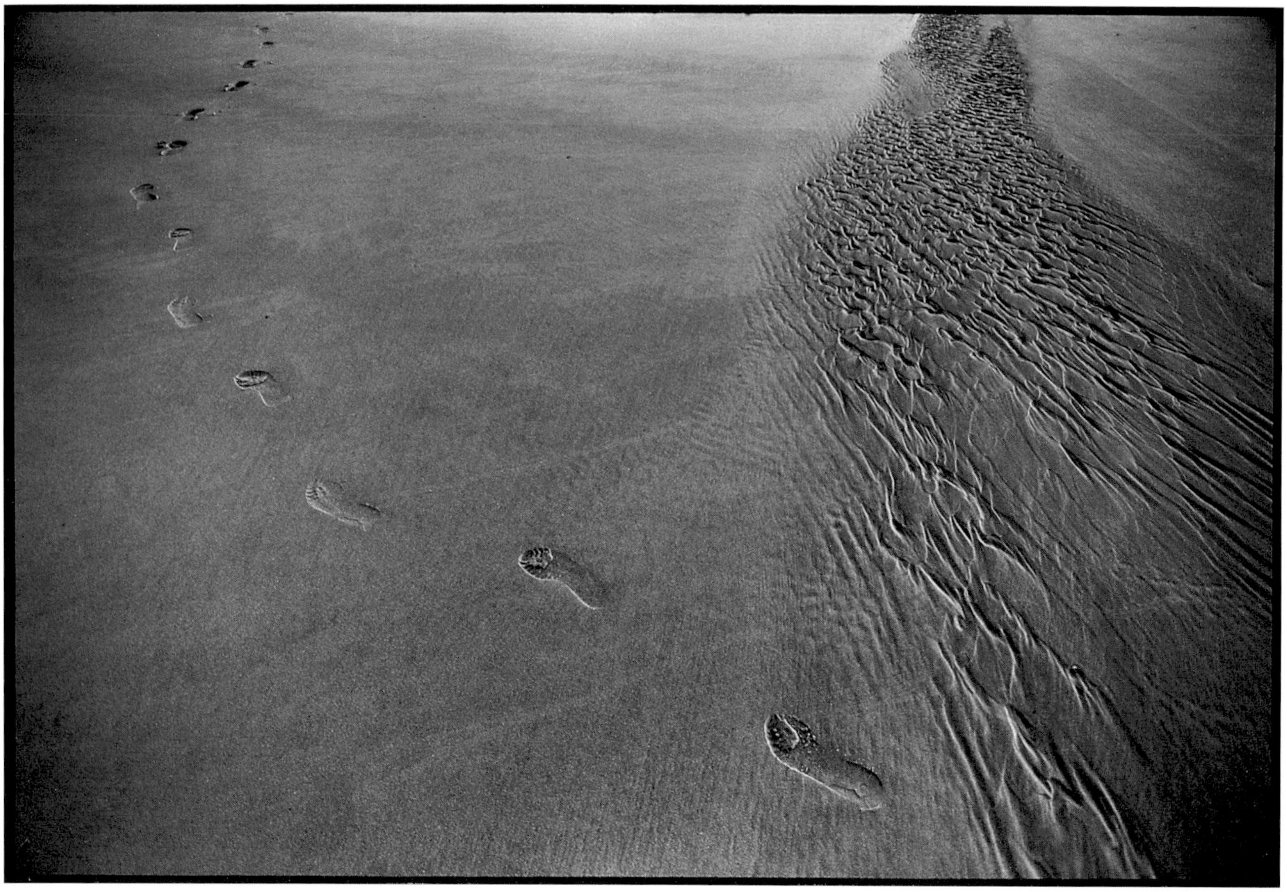

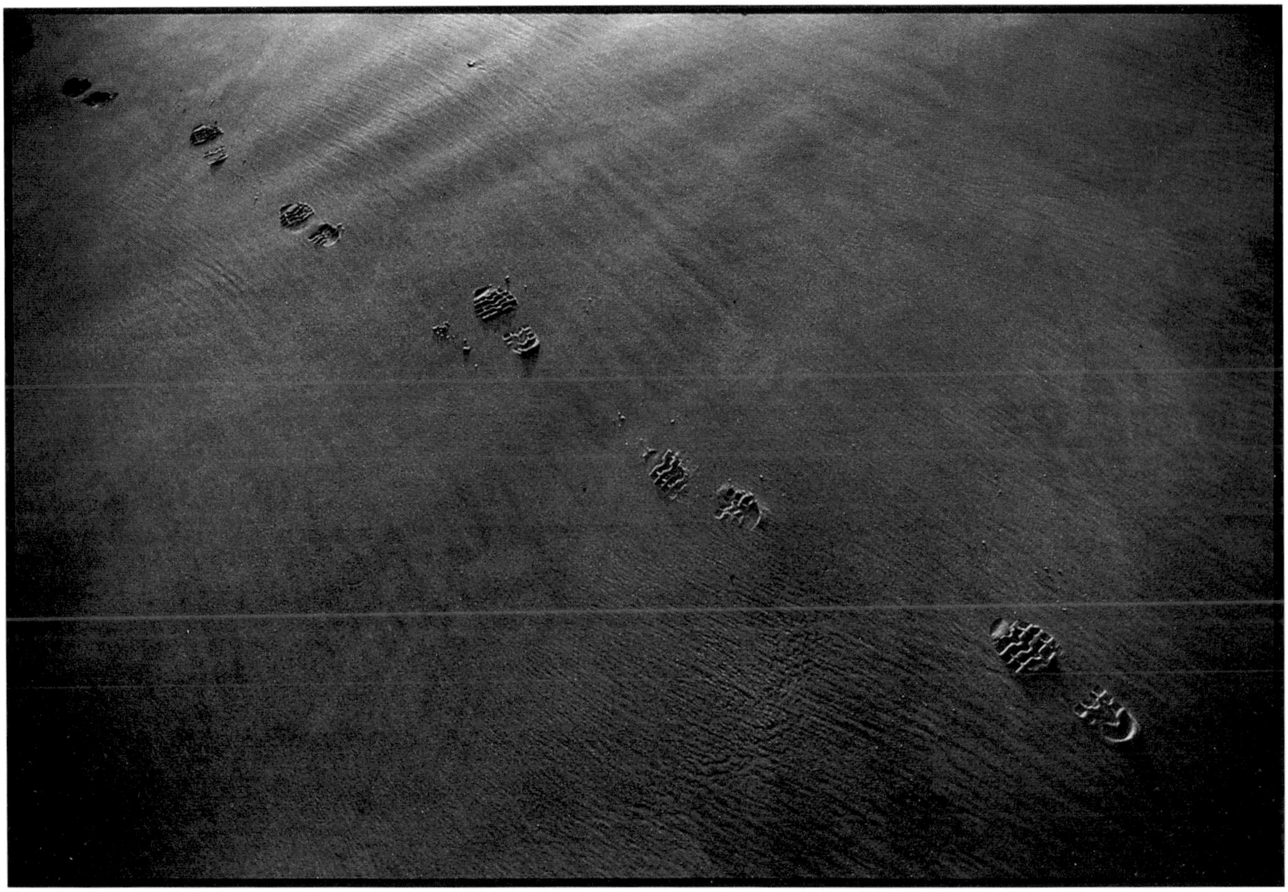

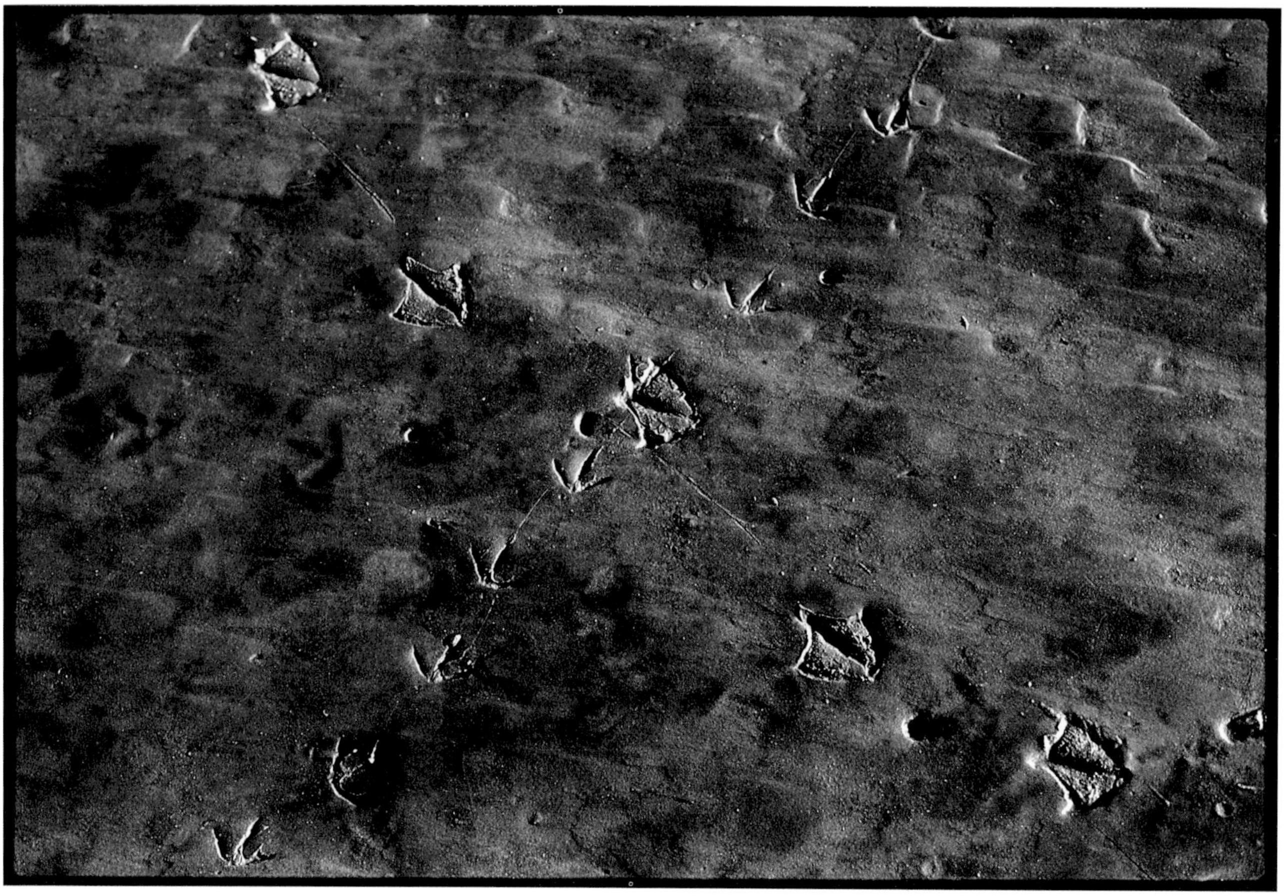

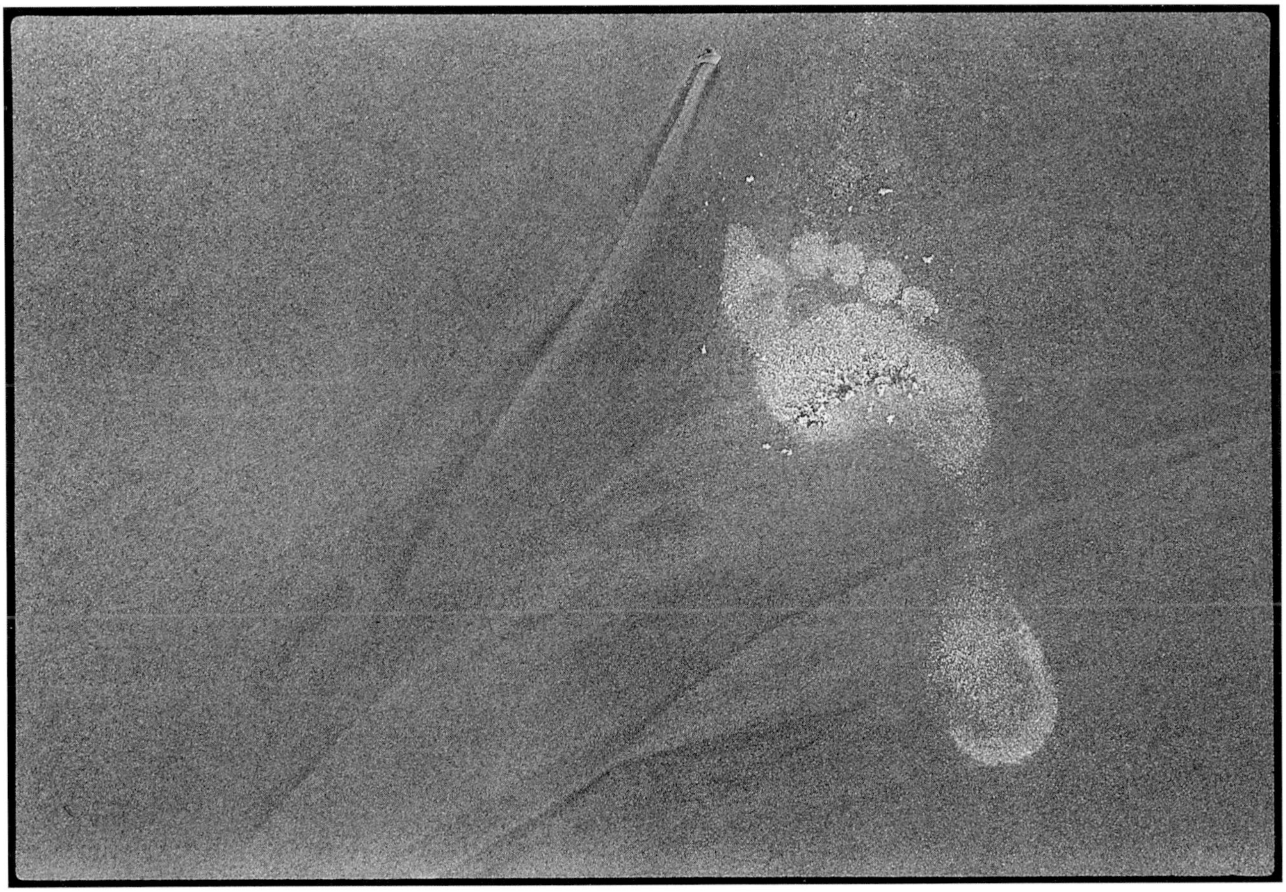

„16. Oktober (um 6.30 aufgestanden, Yacht liegt hoch und trocken). Von den drei Galeoten, die gestern im Priel vor Anker lagen, ist nur noch eine da . . . An diesem Morgen ging ich mit den Wasserfäßchen nach Wangerooge. Ich fand das Dorf halb verloren zwischen Wanderdünen, die mit mathematisch ausgerichteten Reihen von Meergrasbüscheln bepflanzt sind, um sie zu befestigen und eine Katastophe (wie die pompejische) zu verhindern. Ein freundlicher Krämer erzählte mir alles Wissenswerte, was sehr wenig war. Die Inseln waren anscheinend, wie wir uns das vorgestellt hatten, zum größten Teil Ödland mit einer kleinen Bevölkerung von Fischern und einer beschränkten Zahl von Badegästen im Sommer. Die Saison ist jetzt vorbei, und das Geschäft ist flau. Es gibt noch einen kleinen Handel mit dem Festland in Galeoten und Leichtern, von denen einige aus den ‚Siel'-Orten kommen. ‚Gibt es dort Häfen?' fragte ich. ‚Schlammlöcher!' erwiderte er mit verächtlichem Lachen. (Er ist ein Zugereister, kein Einheimischer). Er sagte, er habe von Plänen gehört, sie zu verbessern, um die Inseln zu Heilbädern zu entwickeln, aber er hielt das nur für wilde Spekulationen."

. . . Den ganzen Nachmittag bis zur Dunkelheit erkundeten wir die Harle, ein Loch zwischen Wangerooge und Spiekeroog; schwere Brandung draußen auf den Bänken . . . So schön der Tag auch war, von See her ist die Szenerie außerordentlich einsam. Die nackten Flecken der beiden Inseln sind gräßlich in ihrer Öde; melancholisch herumliegende Stücke Treibholz waren die einzige Abwechslung, bis auf ein oder zwei groteske Leuchtfeuer und, am bizarrsten, einen großen Kirchturm, der an der Nordseite von Wangerooge tatsächlich im Wasser stand; ein markanter Zeuge für das Vordringen der See. Auf dem kaum erkennbaren Festland stand als sehr auffälliger Geländepunkt ein Turm, der, wie wir der Karte entnahmen, zu Esens gehörte, einer Stadt vier Meilen landeinwärts.

Die Tage werden kürzer. Sonnenuntergang ist kurz nach fünf, und eine Stunde später ist es zu dunkel, um Pricken und Tonnen deutlich zu erkennen. Die Tiden liegen jetzt auch ungünstig. Das Morgen- und Abendhochwasser ist zwischen fünf und sechs – gerade bei Dämmerung. Für die Nacht tasteten wir uns mit dem Lot in die Muschelbalje, einen Nebelpriel an der Innenseite von Spiekeroog, und lagen bei zwei Faden Tiefe, zwar fern von der äußeren Dünung, aber ein wenig rollend, als die Ebbe stark gegen den Wind einsetzte.

Eine Galeote mit westlicher Fahrt passierte uns, als wir die Segel bargen; zu dunkel, um ihren Namen zu erkennen. Später sahen wir ihre Ankerlaterne unseren Priel weiter rauf.

. . . Abends eilten wir zurück an einen geschützten Ankerplatz und machten einen bösen Fehler; wir liefen doch tatsächlich, was uns noch nie passiert war, beim höchsten Stand der Tide auf Grund und sitzen jetzt auf dem Rand der Ruteplate südlich der Ostspitze von Langeoog hart und fest. Das Licht war schlecht, und eine falsch gesetzte Pricke legte uns rein; warpen schlug fehl, und um acht Uhr abends lagen wir auf einem wahren Berg von Sand, nur ein oder zwei Meter von der verdammten Pricke, die man als Köder für die Unvorsichtigen direkt auf die höchste Stelle gesetzt hatte. Stürmen wird es auch noch, es wird uns jedoch nicht viel ausmachen, da wir durch Bänke im Südwesten und Nordwesten geschützt werden, den Himmelsrichtungen, aus denen der Wind wahrscheinlich kommt. Wir hoffen, morgens um 6.15 aufzuschwimmen, aber um sicher zu sein, daß wir freikommen, haben wir die Yacht geleichtert und einigen Ballast ins Dingi gebracht – eine schreckliche Sache, mit den schweren, fettigen und schmutzigen Bleibarren zu hantieren. Die Kajüte glich einem Inferno, das Deck dem eines Kohlenschiffs und wir Schornsteinfegern.

Die Anker sind ausgebracht; mehr können wir nicht tun.

18. Oktober. Ein halber Südweststurm, als wir aufstanden, aber er half uns, um sechs sicher aufzuschwimmen. Das Dingi war von dem Gewicht des Bleis fast gesunken, und den Ballast wieder in die Yacht zu bringen war die mühsamste aller Arbeiten. Wir holten das Dingi längsseits, Davies sprang hinein (ließ es dadurch fast ganz absinken), brachte sich ins Gleichgewicht, stieß es von der Bordwand ab und befestigte, wenn immer es ihm gelang, einen Barren nach dem anderen an einer Tauschlinge, die durch das Toppfall gesichert war, an dem ich von Deck aus die Last hievte. Für einige Minuten stand es sehr kritisch, dann wurde es einfacher.

. . . Ich schlug vor, mit der Abendflut nach Bensersiel zu fahren, einem der Dörfer auf dem Festland südwestlich, da es genau die richtige Gelegenheit war, falls wir überhaupt noch einen dieser ‚Siel'-Orte aufsuchen wollten. Davies wollte nicht so recht, aber die Ereignisse überwältigten ihn. Um halb vier brachte eine schwarze, zerfetzte Wolke, die bis in die See hinabzureichen schien, eine schreckliche Bö. Es folgte ihr eine tödliche Stille von zehn Minuten, indes der ganze Himmel wie von Rauchwölkchen wirbelte. Dann traf uns aus Nordwest ein eisiger Wind, der schnell umsprang, bis er aus Nordost kam; dort blieb er und wurde alle Augenblicke stärker.

„Von Nordwest auf Nordost – das tun nur die schlimmsten", sagte Davies.

Der Richtungswechsel änderte die ganze Lage (was Richtungswechsel schon oft bewirkt haben) und machte die Ruteplate zur Leeküste, während in Luv die tiefen Haffs der Otzumer Balje lagen, die an Spiekeroog grenzte, aber Wind und See immer noch große Abtrift bot. Wir mußten schnell raus und setzten deshalb das Besansegel. Fraglos hatten wir nach Luv zu kreuzen, denn in wenigen Minuten hatten wir einen Orkan. Wir mußten leewärts, und Davies wollte weiter hinein bis gut hinter den Jans Sand fahren und Bensersiel nicht riskieren. Ein Schnitzer von mir löste das Problem, als ich an die Winde ging, um den Anker zu hieven. Dreißig der vierzig Faden Tau waren draußen. Verwirrt durch die Schiffsbewegungen, blind durch einen Hagelschauer, vergaß ich die ungeheure Spannung des Taus, löste die Sperre am Beting und rastete sie nicht wieder ein. Um die Trommel lag nur noch eine Windung des Taus, bei normalem Wetter genug, um ein Weglaufen zu verhindern. Aber beim ersten

Drehen der Windenkurbel begann es zu rutschen und zischte im Nu durch die Klüse hindurch über Bord. Ich versuchte noch, es mit dem Fuß zu treten, stolperte bei einem heftigen Stampfen der Yacht, hörte unten etwas klatschen und sah das letzte Stück davon verschwinden. Die Yacht fiel vom Wind und trieb heckwärts. Ich rief und hatte gerade noch genug Verstand, sofort das gereffte Focksegel zu setzen. Davies hatte das Boot sofort unter Kontrolle und steuerte nach Südwest. Ich ging nach achtern und fand ihn kühl wie immer.

„Macht nichts", sagte er, „am Anker ist eine Boje. Wir kommen morgen wieder und holen ihn. Jetzt geht es nicht. Wir hätten das Tau sowieso schießen lassen müssen; Wind und See sind zu stark. Wir versuchen es mit Bensersiel. Auf Warpleine und -anker können wir uns hier nicht verlassen."

Es war eine aufregende Fahrt, querfeldein sozusagen, über eine nicht ausgeprickte Wasserscheide; wir hatten jedoch Peilungen von unserem morgendlichen Streifzug. Den ganzen Weg seichtes Wasser und eine kraftlose See, die sich überall brach. Wir sichteten bald die Pricken nach Bensersiel; aber obwohl wir nur mit Besan und Fock segelten, fuhren wir zu schnell und mußten vor ihnen beidrehen, weil der Priel noch zu seicht aussah. Wir ließen das Schwert halb herunter und hielten die Yacht während einer sehr kritischen Periode in Luv. Am Ende mußten wir früher in den Priel einlaufen, als wir wollten, weil wir trotz allem leewärts trieben und das Tageslicht nachließ. Wir segelten um 5.15 los und rasten den Priel hinunter, links von uns die Pricken, die in Gischt und auflaufendem Wasser kaum zu erkennen waren. Davies stand vorn und signalisierte mit den Armen Backbord, Steuerbord oder rechts voraus, während ich, von einer Seite auf die andere geworfen und von den Wellenkämmen gepeitscht, mit dem Ruder kämpfte. Durch eine Regenbö hindurch tauchten die Küste und auf einem Kai rufende Männer auf. Davies schwang wie rasend den linken Arm; ich legte das Ruder hart Backbord, und wir waren bald in ruhigerem Wasser. Nach einigen Sekunden rauschten wir durch eine Lücke zwischen zwei Molen. Es zeigte sich ein kleiner viereckiger Hafen; zum Wenden reichte der Platz nicht aus, und wir hatten nicht genug Zeit, die Segel zu bergen. Davies warf deshalb einfach den Warpanker aus. Der faßte noch eben rechtzeitig, um unseren Schwung zu bremsen und das Bugspriet vor dem Kai zu bewahren. Ein Mann warf uns eine Leine zu, und wir legten, ziemlich verblüfft, an. ▬

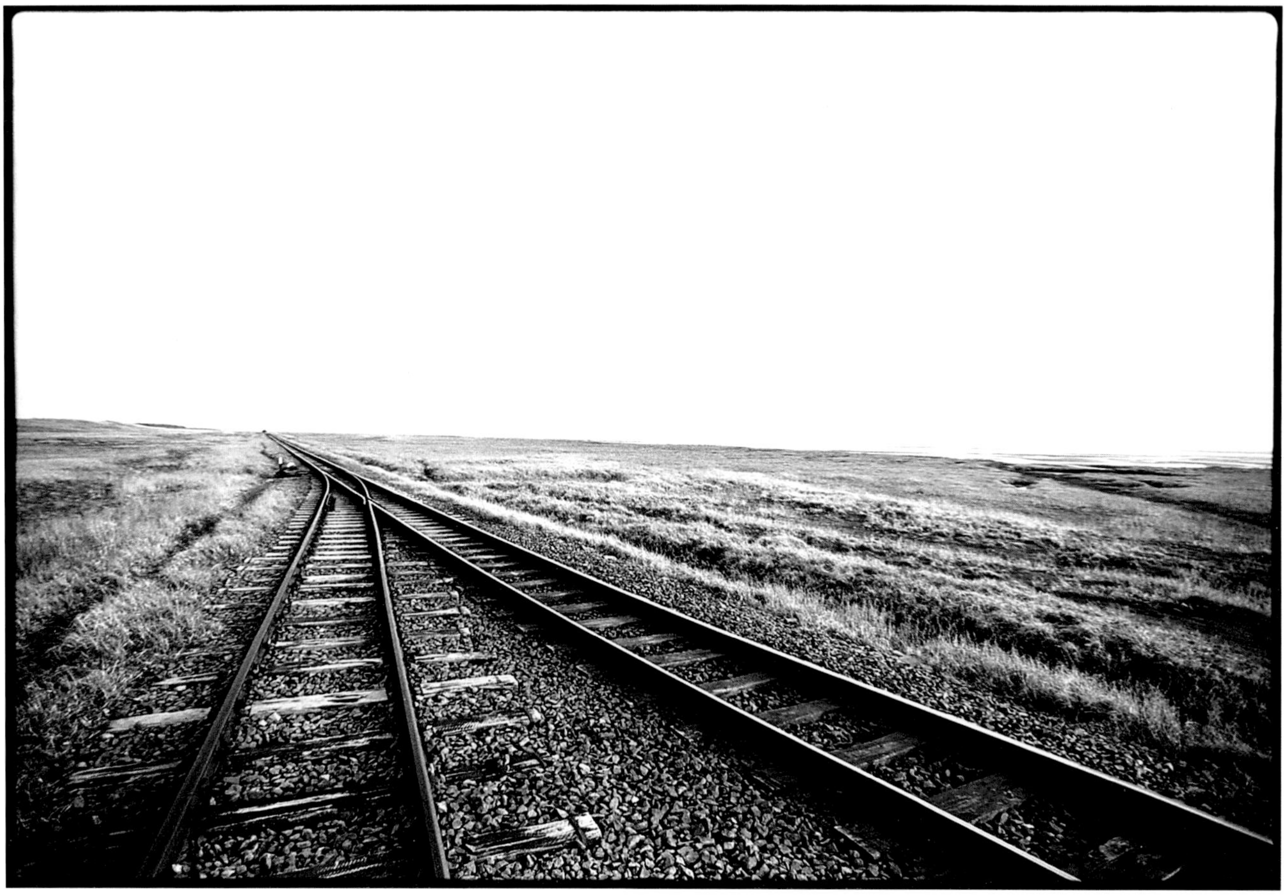

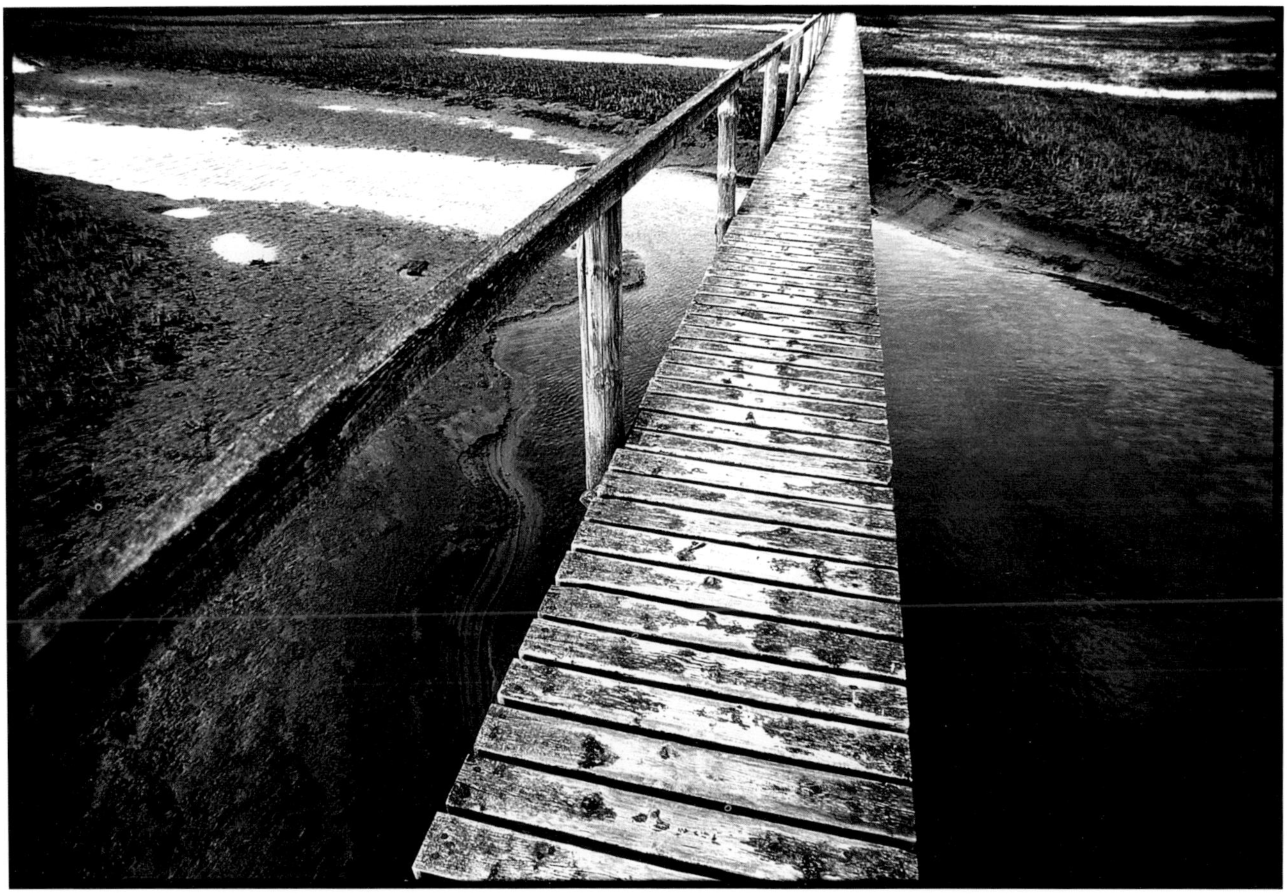

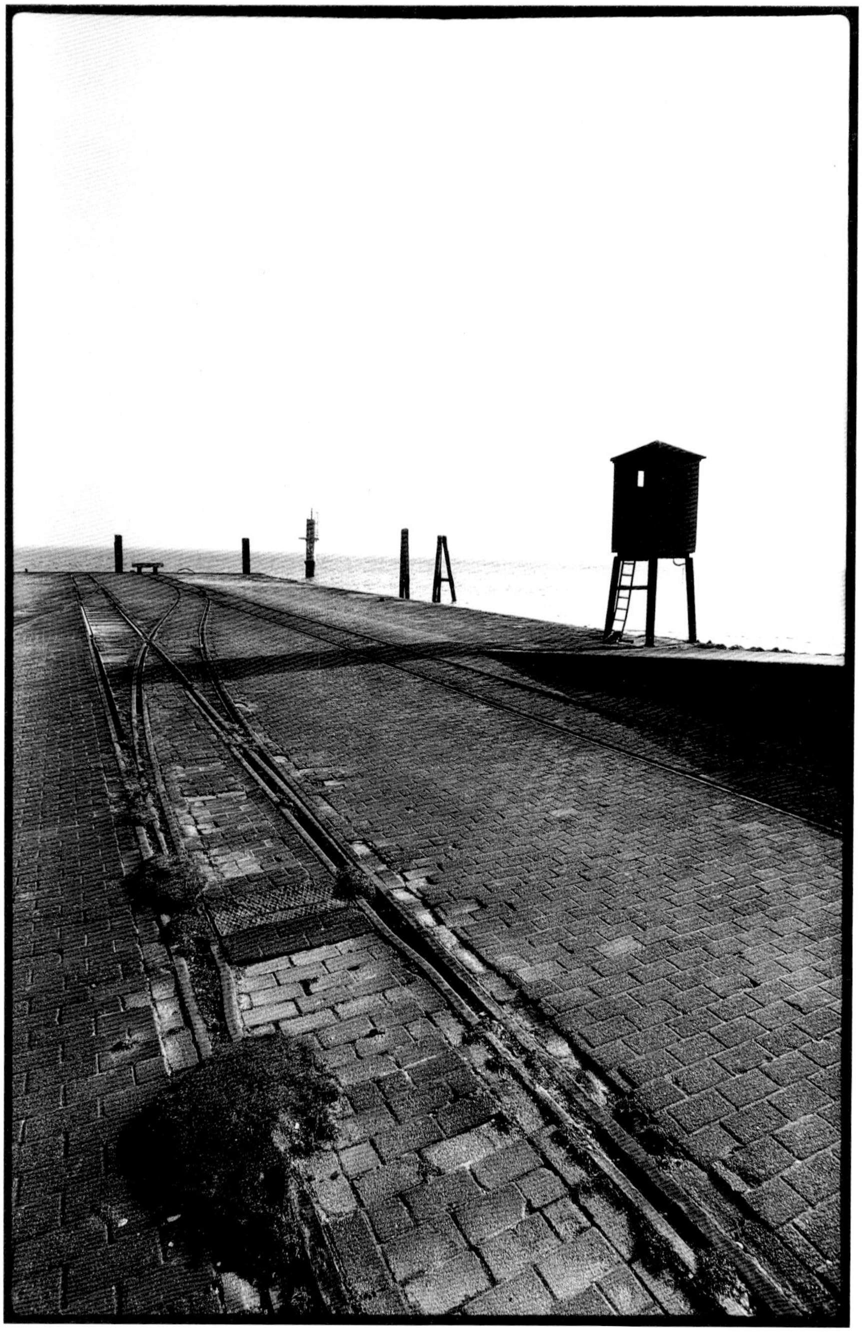

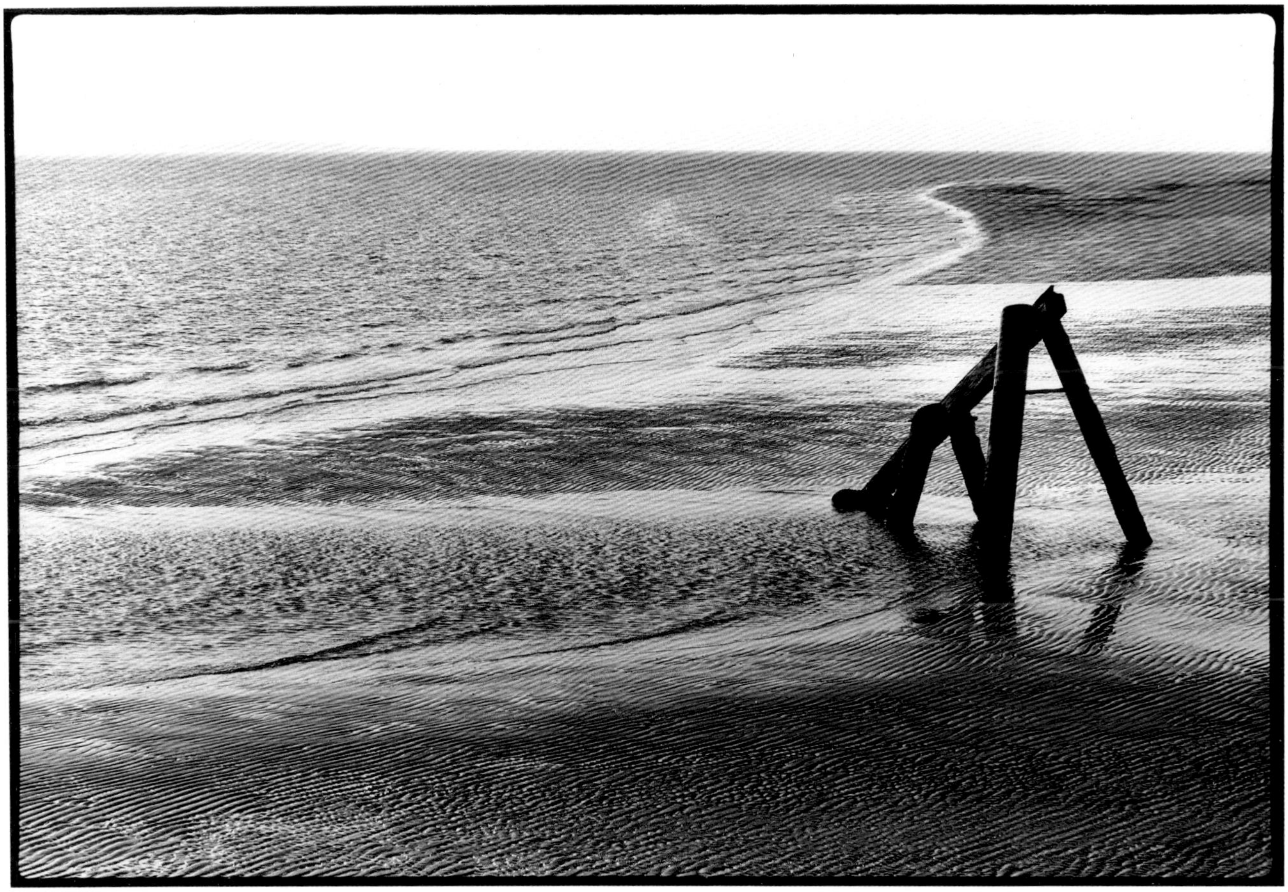

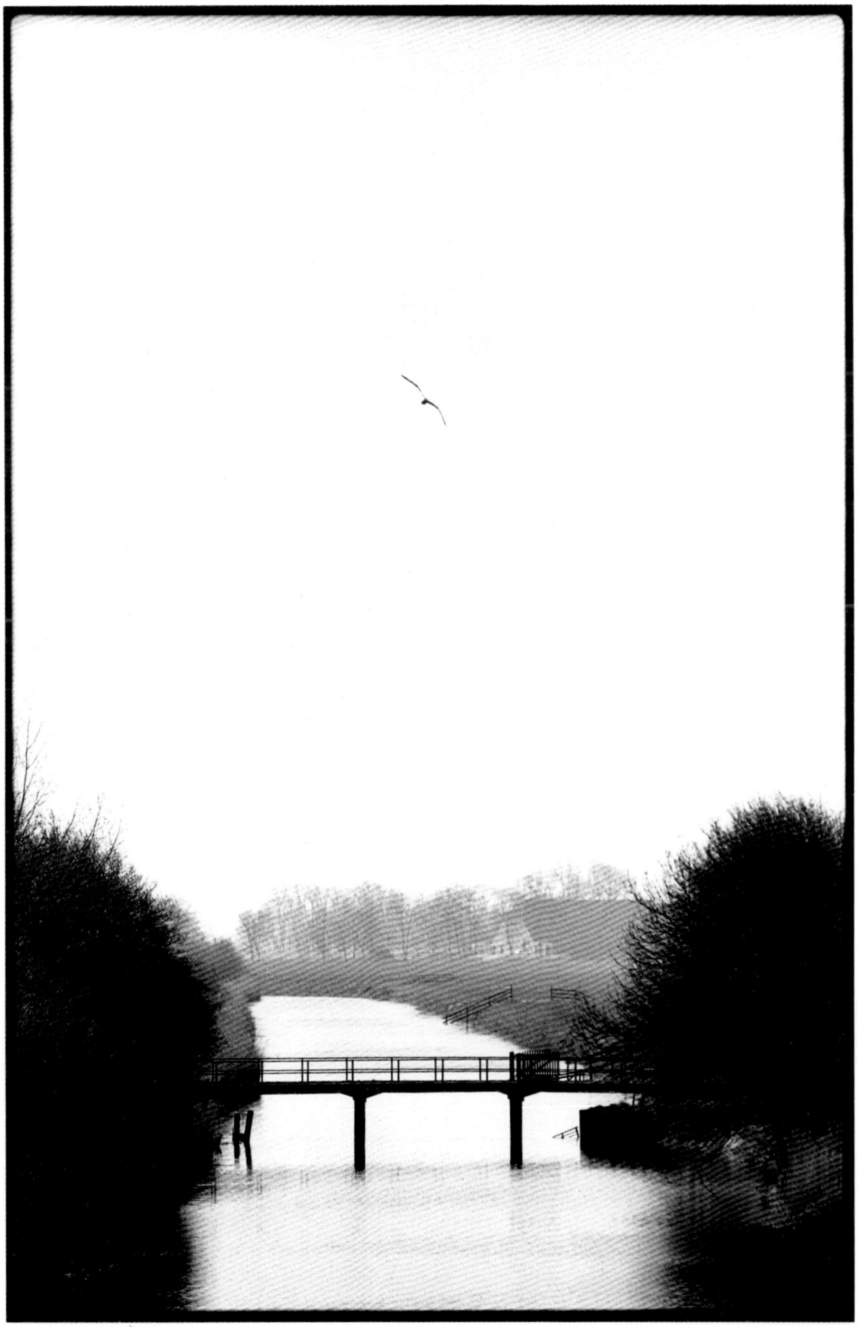

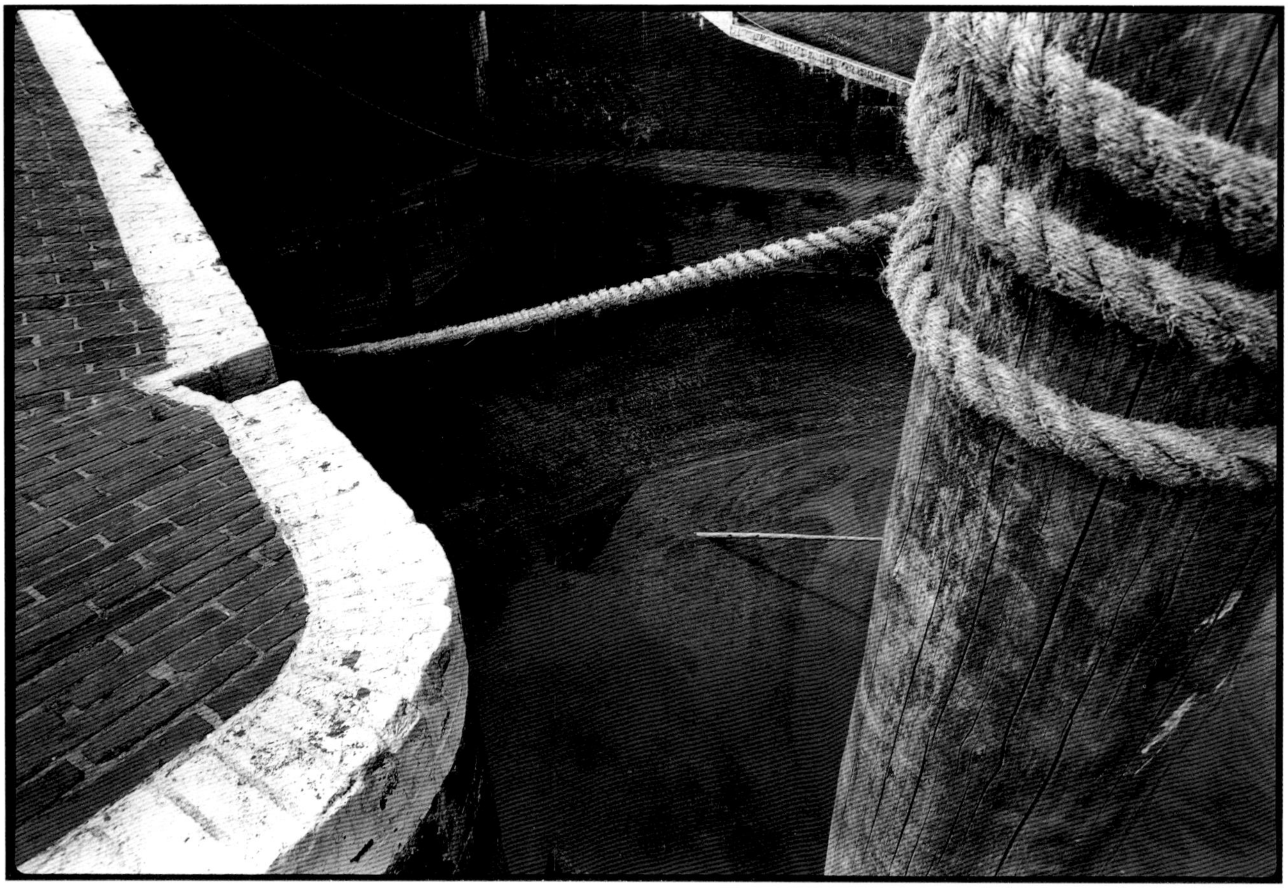

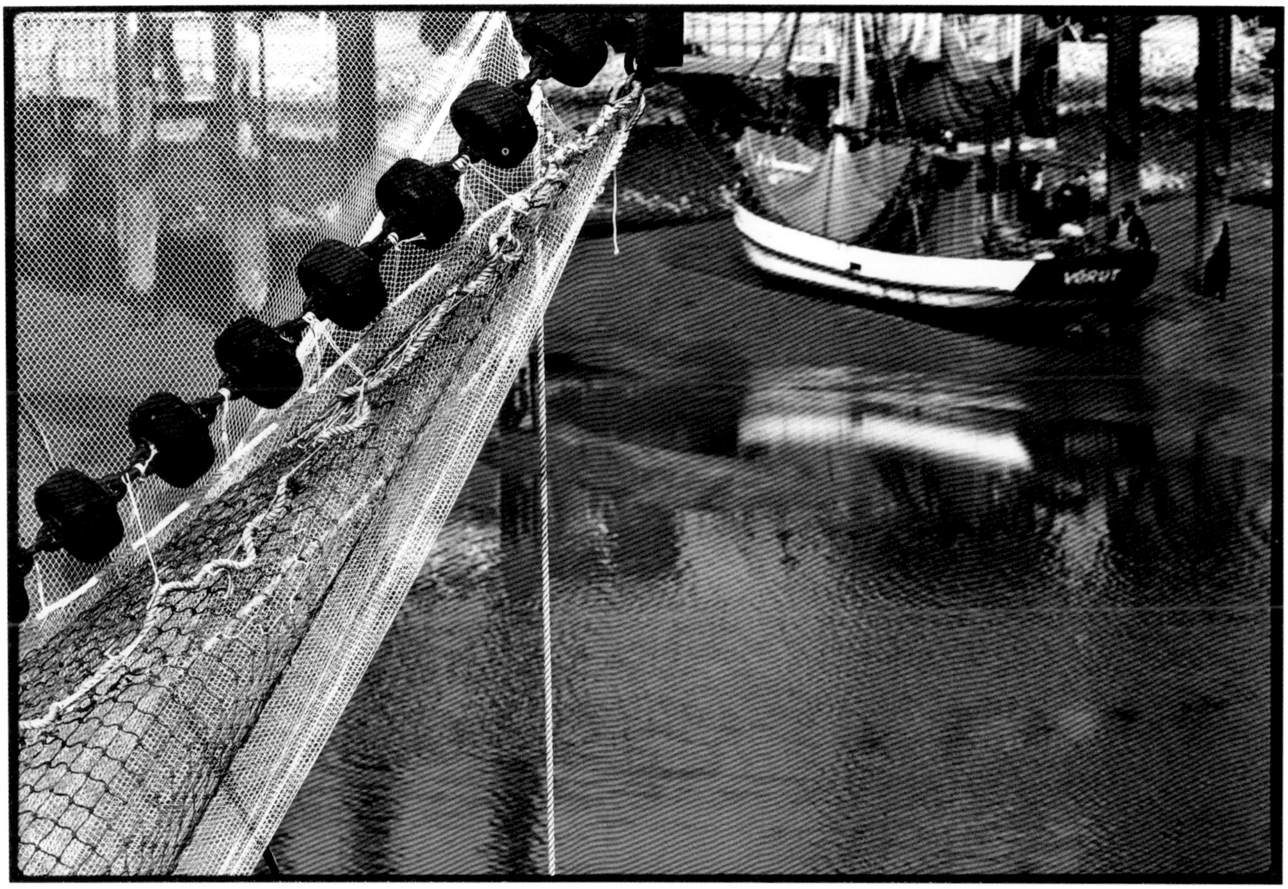

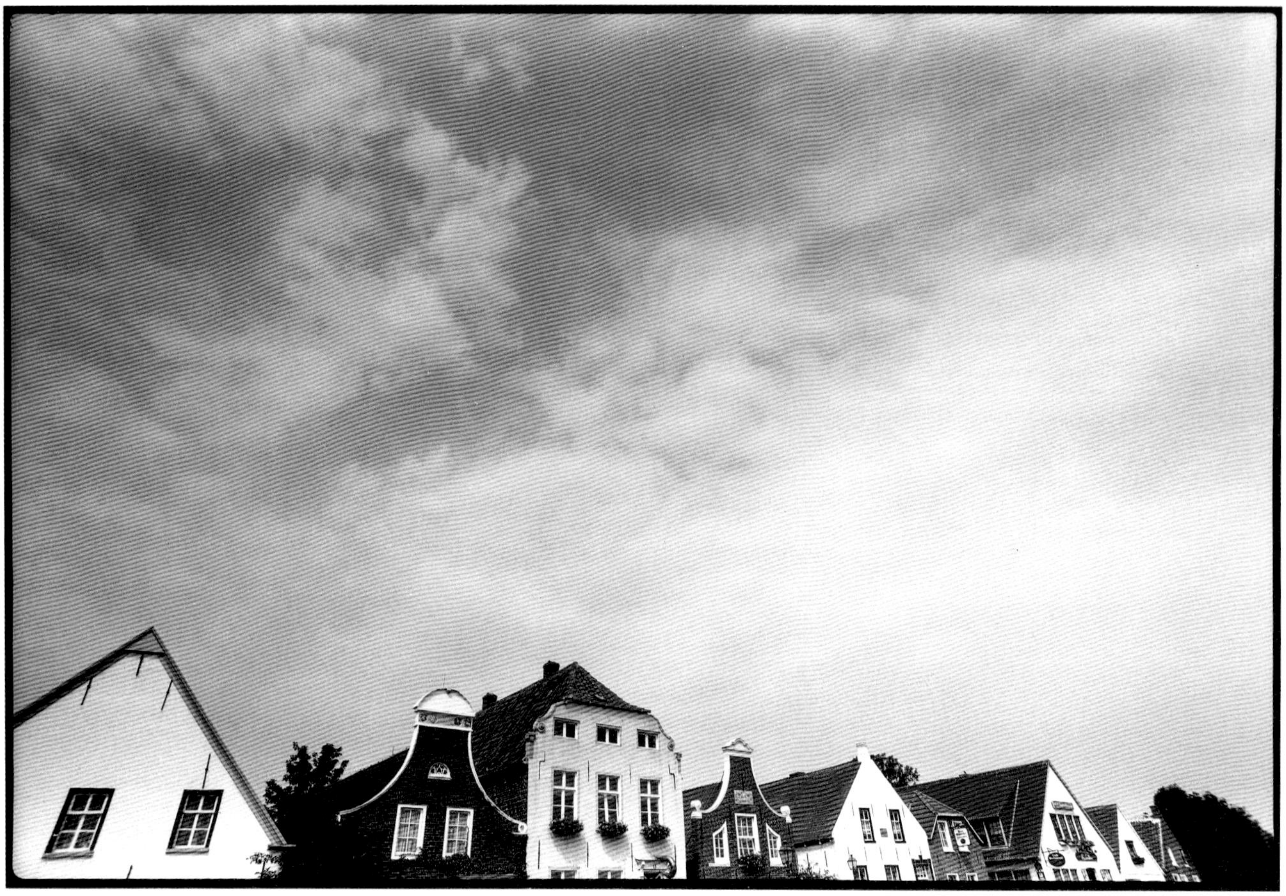

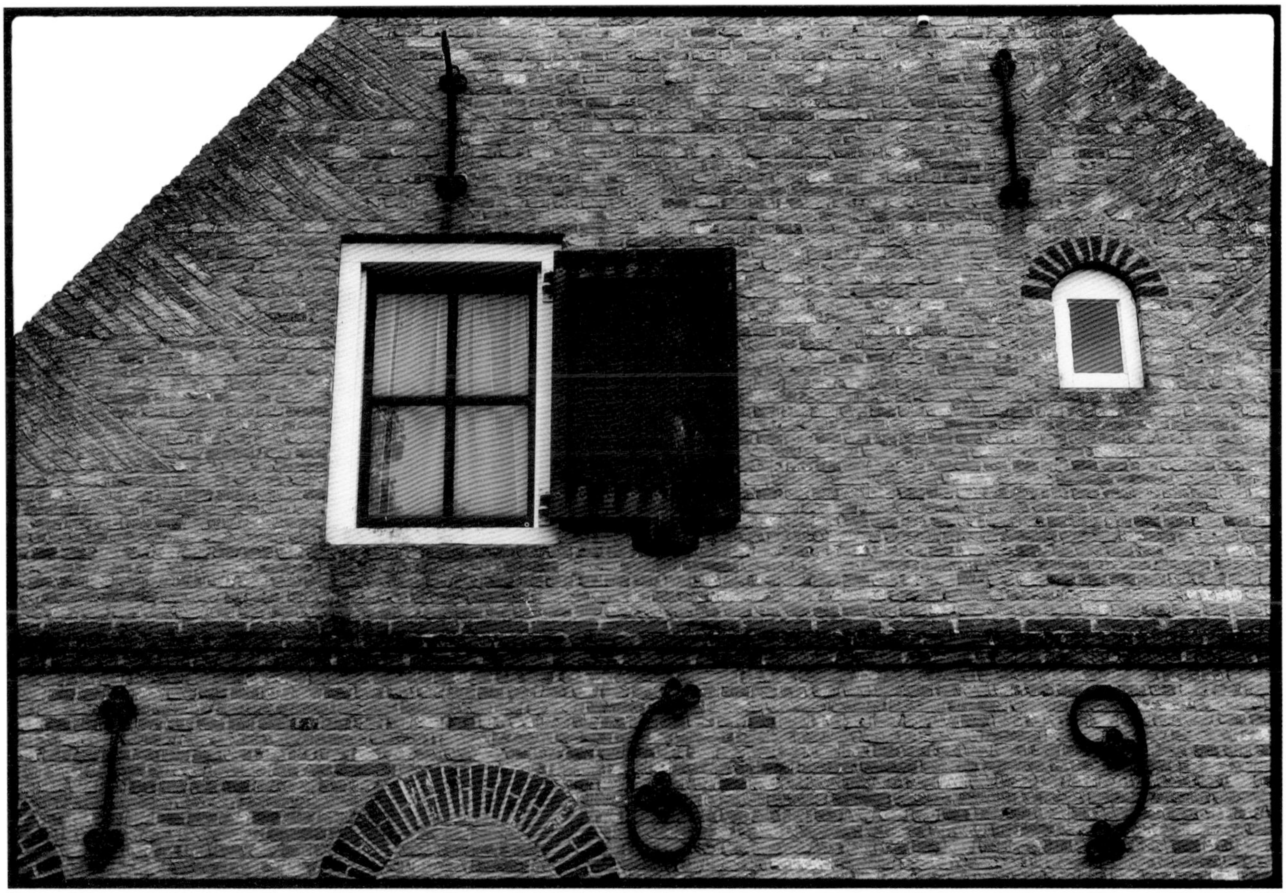

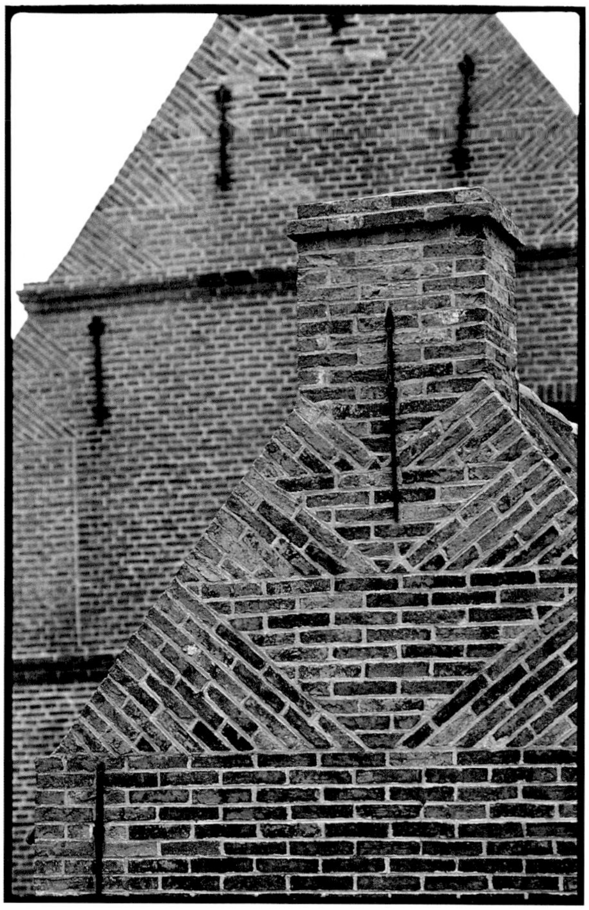

Die Deutsche Bibliothek
CIP-Einheitsaufname

Andermatt, Jürg:
Spuren im Watt :
das Rätsel der Sandbank ;
mit ausgewählten Texten aus dem Buch
„Das Rätsel der Sandbank" von
Erskine Childers / Photogr. von
Jürg Andermatt. - Kiel : Nieswand, 1993
ISBN 3-926048-58-1
NE: Childers, Erskine:
Das Rätsel der Sandbank

Vorwort
Jürg Andermatt

Textauszüge
aus: Erskine Childers
„Das Rätsel der Sandbank". Ein
Bericht des Geheimdienstes. Aus dem
Englischen von Hubert Deymann.
© 1975 by Diogenes Verlag AG Zürich
Titel der englischen Originalausgabe
„The Riddles of the Sands"

Gestaltung
Ulrike Eckstein und
Andrea Hagestedt, Kiel

Lithografie
Litho- und Scannertechnik, Kiel
120er Raster, Duotone

Herstellung
Nieswand Druck, Kiel

Satz
Hanne Sothen

Druckformen
Oliver Grabowsky

Druck
André Dose
Manner Masuth

Bindung
Gehring, Bielefeld

Schrift
Bembo und Gill Sans

Papier
Arctic Natura 150 g/qm

Printed in Germany
ISBN 3-926048-58-1